U00188[illegible]4

SPIRITUAL CLEANSING

A Handbook of Psychic Protection

能量淨化全書

迅速啓動個人與居家的氣場結界

德拉賈．彌卡哈里
Draja Mickaharic 著

繆靜芬 譯

目錄

前言——一本靈性急救手冊

讀者可能納悶，為什麼有人會想要寫一本談靈性淨化（spiritual cleansing）的書。「那到底是什麼樣的書呢？」讀者可能這麼問。若要讓自己擺脫不想要的負面能量，靈性淨化往往是最輕易的方法。每一個人都曾經在某個時間遇到過似乎被負面性圈住的人。或許你感應到那個人有種「灰色」或「陰暗」的感覺。花了幾分鐘陪伴這麼負面的人，你可能感到疲倦或昏昏欲睡。靠近這個人或是跟他握手之後，你甚至可能感覺到污穢或骯髒。

也許你走進某棟房子或某間公寓，立即感覺到很想離開。或許因為有令你不舒服的人在場，或是置身在令你不舒服的地方，你感覺到流感之類的症狀。你甚至可能決定不買下某棟房子或承租某間公寓，因為你不喜歡那個地方的「感覺」。這些全都是徵兆，代表人、地方、事物需要靈性淨化。

移除這些負面振動，是靈性淨化的重點。有了這本書，你就有辦法解決大部分日常負面性的問題，那些是你遇到的人、地方、事物帶來的。透過使用靈性淨化，你一定能夠改善自己的靈性氛圍，無論是在家、在職，或是不管身在什麼地方。這本小書都是一本靈性急救手冊，幫助你清理並保持靈性氛圍的潔淨。

因為關於這個主題，可用的資料少之又少，加上內心渴望為客戶和一般大眾提供靈性急救資訊，所以我著手撰寫這本書。我的意圖是要開闢新天地，為沒有受過玄祕訓練的讀者們，提供簡單而有效的解決方案，解決比較常見的靈性問題。這些解決方案，汲取自我所熟悉的每一個族群和靈修法。對抗「馬婁奇亞」（Malochia）

的啤酒浴，來自德國漢堡的一位女巫，蛋的療癒法則來自波蘭和墨西哥。這本書並不打算成為玄祕術士的工作手冊；它反倒是寫給外行人的入門書，只要這些門外漢渴望改善人生，在靈性上保持自己和環境是潔淨的。

一九二〇年代，同質性的另一本著作出版了，作者是迪翁．福春（Dion Fortune，譯註：一八九〇年至一九四六年，英國神祕學家、儀式魔法師、小說家兼作家），書名叫做《心靈自我防護》（*Psychic Self Defense*）。它是一本相當戲劇性的著作，專供修習儀式魔法的學生們或靈療師使用。雖然書中包含某些出色的建議，但是這部著作卻是寫給對儀式魔法的概念及心智的掌控有所了解的人們。因為沒有接受必要的訓練，普通人無法運用書中提出的許多概念。關於心靈保護的主題，現有的大部分其他資料，似乎都源自於福春女士的作品。

如果發現本書的資訊有趣到讓你想要進一步研究這個主題，不妨找個老師。在學習這類工作時，學生與老師之間的個人關係和互動是非常重要的。透過這份工作所需要的靈性研究，你一定能夠更加成熟，能夠培養自信，好好測試自己。當你準備好要學習時，老師就會出現，而且只要學生有能力學習，老師就會出現。

——德拉賈·彌卡哈里（Draja Mickaharic）

西元一九八〇年，聖和諾萊塞節（Feast of St. Honoratus）

讀前提醒

假使一位有經驗的靈療師（spiritual practitioner）在這些內容裡設法發現新事物，那麼在理解結果如何取得之前，他一定不會偏離本書給予的指示。靈性淨化影響化身人類的靈性本質，在你（透過訓練）把自己的敏感度提升到理解任何特定淨化背後的原理之前，你都不可以動手實驗。只要遵照指示，本書中的所有程序都是簡單、安全、有效的，它們的操作都是自然而然的，使用者不需要特殊的培訓或才能。所有這些淨化法，都已在我的個人實務以及他人的淨化工作中經受過考驗。

本書的內容無法治癒物質身體的病症，也無法在任何方面取代專業醫師的技能和經驗。關於身體的疾病，務必請教你的內科醫師。這份工作只與靈性的狀態有關。

偏離本書給予的指示可能是有害的，甚至可以對實驗者的靈性本質造成嚴重的損害。舉個例子，本書提到的種種沐浴法僅供外用；如果改成內服，可能對身體造成損害。因為有些東西聽起來簡單又有趣，所以千萬不要興起「更動一絲一毫」的想法。當你試圖只靠自己的熱情操作「魔法」時，你就是在踏入危險的水域。如果你遵照這裡介紹的指示操作，那勢必是最好的。

當你讀完這些內容時，請記住，你有責任明智的運用這些資訊。如果你決定成為自立門戶、有本領為他人的問題開具沐浴法和儀式解決方案的診療師，那麼這時候的你可能還沒有資格那麼做。當你為自己使用這些資訊時，不可以傷害任何人。當你讓自己捲入他人的生命時，你可能會發現自己處在難以處理的困境中。在你拜師學藝、學會種種靈性淨化方法之前，必須強調的是，你應該完全遵照本書介紹的指示操作，避免自行實驗。

第一章

人，就是「靈性體」

人類有肉身，這是無庸置疑的；物質身體的五種感官不斷為我們提供證據，證明周遭的人以及我們自己的身體。我們通常在日常生活中與其他人打交道，彷彿我們是在與對方穿著衣服的皮囊打交道。我們評估剛認識的人、顧客、個案、陌生人，根據的是用自己的感官看待一具肉身的方式；我們感知到對方如何穿著和照料他們的身體，那個風格奠定了我們的「第一印象」。

人類的非肉體部分始終是大家質疑的問題，它屬於人類，卻不是人類的身體。在解決物種的這個部分時，建立起宗教，投入了靈性修練，表達了科學懷疑。理由很簡單：不斷為人類的物質身體部分提供證據的那些身體感官，在面對人類的不管哪一個非物質身體部分時，卻提不出一丁點的證明。因為科學是奠基於可測量的事物，也就是說，那是身體感官感應得到的那些事物；所以若要保持科學的完整性，就必須否定世上存有無法測量的東西。

為了達到我們的目的，我們可以將化身人類分成兩個部分，靠感官證明的物質身體（physical）部分，以及非感官可以證明的靈性（spiritual）部分。物質身體部分是身體工作者、內科醫師、外科醫師、生物學家等等的研究範疇。這些人的科學訓練，使他們有資格處理人類那些可以用感官領域測量和分類的部分。靈性的部分是靈療師、神職人員、女巫、薩滿等等的研究範疇。這些人的非科學訓練，使他們有資格運用存在的非感官界域，透過一套測量和分類系統，處理人類那些可以好好探索的部分。

唯有當某一方的專門人才承認困惑，承認某樣東西似乎超出了自己的能力範圍，進入對方的領域，這時，存在的兩個界域才有所交會。然而在每一個人裡面，這兩個界域是融合在一起的，融合到雙方攜手合作，讓個人能夠按照自己的方式經歷人生。在這顆地球上的每一個動作中，人們都和諧地運用個人本質的兩個部分（物質的和靈性的）！

可以說，地球上的每一個生物都有自己的特質，這種特質是「感覺」，對不同事物和人的特質敏感的人們，往往稱之為「振動」（vibration）或散發。「振動」或特質並不是一種物質的東西，因為它無法用人類身體的感官量測，也無法透過人類身體感官的延伸（等同於科學方法的工具）丈量。然而受過相關訓練、懂得如何量測的敏感人類，可以利用已開發的「靈性感官」，識別不同的人、地方或事物的特質及「振動」。

人們常說，在這顆地球上的每一樣東西都被某個靈性能量場圈住，但是不要把這點與磁鐵周圍的磁通量場混為一談。這個靈性能量場，就像人、地方和事物的特質或振動，無法透過物質身體的感官偵測到。一旦我們懂得區分人類構成的物質和靈性部分，就很容易理解靈性淨化如何運作。

如果我們可以同意，每一個生物體內都帶著自己的振動，而且這個振動是由圈住它的無形能量場產生的，就可以理解，如何利用已創建的一部分宇宙的能量，與人類的能量場互動，移除其中無用的碎屑。在某種程度上，它就好像利用脂肪與鹼液結合（我們稱之為肥皂），擦洗人類的物質身體，為的是移除污垢。兩種情況都顯示，已創建的一部分宇宙，被用來移除化身人類身體上的無用物質，包括物質的或靈性的。

每一個無生命的物體（每一間住家、每一棟建築物、每一件家具、每一件衣服），都攜帶著曾經接觸過的活生物的「能量」痕跡。製作這個物件的人、銷售這個物件的人、之前擁有過這個物件的人，他們的「能量」都被注入了存在的每樣物件的靈性結構（靈性體）中。化身人類的靈性體與周遭（包括人和地方）的靈性能量場互動。某種物理類比（physical analogy）發生在催眠的時候，因為一個人可以十分詳盡的回憶起周遭的細微處，儘管他可能不是在表意識上覺知到自己看見了這些細節。我們的眼睛與物質環境互動，互動到竟然能夠憶起三歲時去過的醫生診所候診室內壁紙圖案的細節。催眠期間，我們還可以回想起那間診所的氣味和質地，但是由於我們缺乏通用的比較標準，因此很難將這些觀察到的結果傳達給其他人。

無論我們在任何給定的物理位置上花費多少時間，身為謹慎的觀察者，我們的靈性本質將會詳細的回憶起整個周遭。同樣地，我們可以查看那個區域，確定什麼「靈性振動」或靈性能量的痕跡在場。我們以這種方式與周遭事物互動，包括在物質層面和非物質層面。

顯然，假使即將花費許多時間陪伴具有強烈負面振動的某人（或某物），我們可能會接受它進入自己內在，被它所影響。一旦這種情況發生，我們自己的靈性振動恐怕會遭殃。靈性淨化將會移除這類負面振動，恢復我們原本的振動，就好像洗手可以清除掉因為不得不做家務事而沾染上的污垢。

許多年以前，這類資訊是常識，家族互通，代代相傳。今天，我們把某些這類資訊看作「無稽之談」或「迷信」。但事實不然。過去一百年間，我們的世界大幅變遷，而近五十年來，變動得更加迅速。雖然我們從科學的物質進步中獲益良多，但是取得這些好處的同時卻付出了代價，喪失了關於我們的靈性本質的某些知識，我們已經失去了一部分「老舊的知識」。

我們可以在幾小時內從紐約飛到洛杉磯，但是我們的能量場也與數百乃至數千名陌生人相混。我們的身體感官向我們報告了飛機飛行的一切細節，但是我們卻沒有收到能量場與那麼多人相混，會帶來什麼後果的報告。只有極少數靈性感官精細通達的人，才覺察得到這類相混可能帶來的難題。

從前，我們過著安靜的生活，很少看見家族結構以外的任何人。許多人終其一生住在某座農場上或小鎮裡。一九〇〇年，許多人認為，為了季節性的採買，一年兩度旅行到三十或八十公里外的小鎮，就算是一件大事。人們非常熟悉自己的周遭環境，而且保持一切整齊清潔。人與人之間很少有陌生人。當陌生人來到時，我們知道如何應對他們帶來的能量場。每一個住家有自己的護身符，每一個家庭有自己的家庭儀式。

五十多年前，我是個小男孩，成長在中歐的某個鄉村，對我們來說，一定要等到祖母將少許的鹽掃出前門，祖父用沉重的門閂閂住夜間關上的出入口，才可以上床睡覺。然後我們唸誦自己的禱詞，祈求上帝在我們睡覺時保護我們。直到那個時候，我們才上床就寢，感覺受到保護、安全無虞，彷彿我們住在匈牙利最大的城堡中。

保護使我們免受傷害，而靈性淨化移除曾經發生過的傷害。大部分的家庭如今不再有使他們免於傷害的家庭儀式，但在許多族群中，目前仍舊使用護身符和避邪物。我看見來自地中海國家的人們，戴著金色的「號角」護身符擋避惡眼（evil eye）。許多基督徒把十字架當作護身符戴在脖子上。所有宗教都有屬於自己的某種護身符。

靈性淨化的概念，是宗教儀式不可或缺的部分。儀式引發情緒，在參加了某次儀式之後，我們覺得比較美好。我們參加一場拉丁彌撒，離開後覺得更加輕盈、更加潔淨，那是本地彌撒無法為多數人做到的事。我們可能去參加一場復活節日出服事，離開時覺得「煥然一新」。我們可能去聖殿參加贖罪日（Yom Kippur），然後感覺到內在的氣力重新恢復了。我們感覺到的淨化，來自於內在的某個地方已經接受了這個宗教儀式。幾天後，我們可能再次開始感覺到「骯髒」。

我們往往忘記宗教儀式的重要性，因為大家集體參加宗教儀式，沒有人告訴我們為什麼要做我們所做的事。許多年前，一個人的宗教意謂著他的生活型態。如今，我們口中常說的宗教是「徒有虛名」的哲學。我們一整週忘記宗教，只是基於社會的原因而上教堂或去寺廟，因為這樣的儀式對我們沒有任何意義。有些人可能知道他們繼承的宗教儀式的外在意義，但是很少人知道這種儀式的象徵意義是什麼。人們很少去理解與自己的宗教信條無關的儀式。所有宗教都有一個共通點，那個共通是一種儀式，旨在保持信徒在靈性上是潔淨的。

大部分的人們，仍舊渴求訴諸大自然力量或上帝力量的儀式，因為在從前，我們可以那樣崇拜。這些儀式引發我們內心深處的某樣東西，而且我們在參加了這些儀式之後感覺比較美好。這些儀式對我們具有最大的靈性淨化效應，因為它們觸動並激起我們存在的那些非物質部分，那是我們平時沒有覺察到的。

這是一本說明書，適合想要保持自身潔淨的人們，無論他們是否上教堂。使用本書提供的資訊，並不會妨礙任何的宗教修習，反而會提高宗教修習的價值。對於不參與任何宗教團體的讀者們，這些療法將會幫助你回歸到自我信念的中心。

許多讀者可能不熟悉不同的宗教儀式。因此，我們需要從宗教的觀點考慮淨化的概念。宗教儀式是某個特定宗教從事的一系列做法。儀式不僅包含以年度為週期的宗教崇拜儀式，還包括婚禮、葬禮、聖職授任等等的人生大事儀式。成人禮、割禮、洗禮、堅信禮，這些將一個人帶進宗教會眾的人生大事典禮也都是儀式。

儀式背後的總體概念是，它們是促使某人更加接近造物主的行為。儀式是重複的動作，因為重複愈多次，獲得的力量就愈大，儀式也就愈有效。為了讓儀式產生渴望的效果，它必須在「非物質」層面以及物質層面都是有效的。如果一個人在物質上和靈性上都被帶到更為接近他的造物主，那麼在這個過程中，他被淨化了，洗滌掉任何已經積累且帶到儀式上的負面性。

羅馬天主教、東正教和正統猶太教的儀式是比較完整的，因為與許多基督教新教派的教會相較，這些宗教對神的本質以及人與神的交流有不同的看法。聖餐和洗禮是新教的主要儀式，而天主教和猶太教則有儀式對應幾乎每一件可能的人生大事。然而不論是哪一種宗教或儀式，靈性本質的淨化是每一種宗教體驗的一部分，即使我們對此不再有所了解。

一支美國本土宗教團體，已經開發了一套完整的運作儀式，它是「耶穌基督後期聖徒教會」（the Church of Jesus Christ of the Latter Day Saints），也就是「摩門教」。摩門教有一套專門為靈性淨化設計的儀式、一套防止負面勢力的「封印」（Sealing）儀式、以及一套專為摩門教內的靈療師設計的一流培訓計畫。每一座摩門教聖殿和每一位摩門教會眾，都可以透過某個內部層級直接取用靈療師的服事。

摩門教徒只需要向會長或任何神職人員或長者尋求幫助，就可以享有這項服務，這是基督教中唯一一支靈修方法如此直接而開放的教派。

所謂的原始文化，與儀式的概念以及神職人員擔任靈療師的想法，有著非常密切的聯繫，因此，將原始文化轉換成基督教信仰，通常是基督教徒可以接受的。這是基督教在古代和現代的「異教徒」之間，取得巨大進展的真正原因。「異教徒們」感覺到，基督教的神一定比自己的神更加威力強大，於是選擇接受基督教。

當人們從世界上不那麼物質且不那麼複雜的地區移民到美國時，他們帶來了魔法和靈性淨化的儀式。美國的民族熔爐結果也變成了玄祕大熔爐。美國融合了全世界每一種民族修習，它融合了你可以想到的每一種宗教修習。這些融合的效應往往導致文化的淨化修習被稀釋，因為年輕一代的家庭成員開始涉足電視、少棒聯盟，以及其他比較世俗的事務，第一代移民的孩子通常拒絕祖傳的遺產，而首先失去的便是「隱祕的」家庭習俗，包括家庭儀式和靈性淨化的過程。

在愈來愈不了解靈性淨化的家庭和宗教修習的同時，我們今天接觸的人卻比從前還多。去一趟郊區購物中心或搭一趟城市地鐵，都會使我們與更多的陌生人接觸，多到比曾祖父母一輩子遇到的人還多。此外，以志向抱負為中心的社會帶來的壓力，搭配社會對物質成就的要求，導致許多人變得毫無中心且持續如此。

忙於日常事務之際，我們需要重新學習，如何體現顯化來到我們面前的靈性能量。真正的心靈攻擊不常發生，因為重要到足以成為心靈攻擊接收者的人物少之又少，而受過充分訓練足以發動心靈攻擊的人就更少了。然而，心靈的負面性可以在低階許多的層級上傳遞，而且透過靈性淨化過程，可以移除掉的正是這種負面的靈性能量。

你可以輕易地從自己身上移除的靈性負面性有好幾種。一種是心靈污垢，那是生活在負面性之海的某人攜帶的。我的一位客戶有個曾在國外經營多年生意的姊姊，姊姊生意失敗，返回家人原本居住的地區。姊姊立即安排了一份造訪時間表，依次探訪了所有家人。她隨身帶著自己的悲慘故事，而且為每一位家庭成員做了陰鬱沮喪的預測。我的客戶和他的妻子在姊姊初次來訪之後都感到非常疲倦，而且當晚的睡眠異常不安。我給了他一些建議，他照做，包括沐浴和本書稍後提到的焚香。結果，不僅姊姊的下一次來訪不那麼令人疲累，而且幾週內，這位姊姊就決定將探訪次數減少到一個月一次，而不是一週一次。

此外，因購買二手家具或搬進帶「不良氛圍」的公寓或獨棟住宅，而沾染到的負面能量，也可以讓自己輕而易舉的擺脫。我的另一位客戶買下獨棟住宅內的老舊辦事處，那裡一定一直充斥著邪惡的振動。她將辦事處設在一間客房內。沒多久，那間客房就變得非常「陰暗」。因為懷疑有什麼不當的東西，她用靈性方式潔淨了那間辦事處兼客房。她的淨化工作才剛完成，人們就問她，是不是她把房間重新油漆了，因為房間看起來非常明亮而令人愉快。

你可能想知道，該如何區分來自他人的靈性負面性與來自你自己的靈性負面性。如果你現在感到沮喪，做好這點尤其重要。多數成熟的人都懂得反躬自省，找出令自己沮喪和難受的原因。他們說：「我為什麼覺得很糟糕？」而內在自我也說：「因為你就是搞砸了。」而且你知道，你的內在聲音是對的。你可以備份起來，因為你知道自己做了什麼事。但是，如果你早上醒來感覺很美妙，到了上午十點鐘，你卻覺得很糟糕，想不通為什麼有那樣的感覺，那是怎麼一回事呢？你的個人關係很好，你在那一刻是喜歡你的工作的，而且享受著你的人生。然而你剛剛被一種沮喪的感覺淹沒了。或許你只是無法停止惦記著某人，而且無論你做什麼事，特定的某人不斷回到你的腦海裡。也許是某位同事，也許是某位朋友。這種現象可能是你們雙方或其中某一人引起的。靈性淨化可以移除許多令人沮喪的負面能量。

本書介紹的這種靈性淨化法，可以視為一種急救方案，解決人們在日常生活中面臨的許多靈性問題。如果你按照本書所示處理了你的問題，然後發現問題並沒有改變或消失，那麼就需要請求靈療師為你服務。但是最起碼，你有這套解決問題的急救方案供你使用。

牢記上述內容，你就可以開始好好研習本書。先讀完整本書，再著手開始任何的淨化工作。對多數人來說，這套靈性淨化的做法是非常陌生的，為了讓它值回票價，開始之前，請盡可能取得許多洞見。

第二章

古老的「惡眼」效應

「馬婁奇亞」的影響

「馬婁奇亞」（Malochia）或「惡眼」（evil eye）是一種常見的痛苦，一種無意識的凶煞惡行，眾所周知，尤其是來自地中海沿岸國家的人們。雖然本質上通常是不由自主的，但卻是許多人類苦難和悲慘的原因。人類歷史上每一個種族和文化都有屬於自己的馬婁奇亞名稱。相信馬婁奇亞效應的信念是普遍而古老的。今天，人們依舊相信馬婁奇亞，也比自己想像的更自由地運用這個專有名詞。

巴比倫和埃及古文獻破解了記錄下來的馬婁奇亞實例。某些人和動物曾被認為具有將「惡意的目光」投射在他人身上的能力。這種「惡意的目光」事實上是一種能量，對人和動物以及實體物件有所影響。因為性質相同，它與道地的詛咒具有同一類型的能量。

馬婁奇亞的影響分布極廣，因此在討論魔法實務社會學的人們之間，投射馬婁奇亞的能力，往往形成巫術的部分定義。這些人覺得，馬婁奇亞將巫術與妖術分隔開。記錄所謂原始文化本質的人類學家們發現，在所有原始民族之間，馬婁奇亞既被接受為真，又令人恐懼害怕。然而，致力於心智和身體療癒等比較物質做法的人們，通常否定「馬婁奇亞」的影響。因此，這個常見症狀的治療法無法透過這些管道取得。

《聖經》中提到惡眼。〈馬可福音〉第七章十四至二十三節，將惡眼列為來自人類內在、污穢人類的眾惡之一。在《聖經》英王欽定版譯本之中，「惡眼」這個詞的根源是用在「羨慕」的情況下。翻譯時，「惡眼」與「羨慕」幾乎是同義詞。

投射惡眼的人們通常發現，事情的發生違背他們表意識的意願。他們發動攻擊時，表意識並沒有任何想要傷害的渴望。偶爾，有些人學會，他們可以投射惡眼，然後痛改前非，他們真誠的禱告，為的是減輕痛苦。某些案例則顯示，這樣的人弄瞎自己，以免這種靈性上的痛苦成為傷害兒女的原因。

惡眼最常見的通道，是從某位婚姻伴侶到另一位婚姻伴侶，或是從父母到子女，但是聽到人們給予自己惡眼的也不在少數。當人們過於羨慕自己的身體或財產時，就會發生這樣的事。在納西瑟斯（Narcissus）的神話中，大家認為，納西瑟斯透過自我讚美和傾慕給予自己惡眼。

當那個人投射的是羨慕、妒嫉或占有的時候，馬婁奇亞就被傳遞了。看著那個人，傳送惡意目光的行為就完成了，那個人的財產、快樂或好運是最容易受傷的。了解馬婁奇亞的古人知道，他們很容易淪為投射惡眼的某人的犧牲品。有不少人避免稱讚，或是在被稱讚的時候貶低自己。在某些文化（例如東方文化）中，如果你在某人家裡誇讚某樣東西，那樣東西就會被贈送給你！這麼做是為了避免引發羨慕，最終接收到惡眼。

當惡意充斥時，來自雙眼的靈性能量，等於是產生我們稱之為馬婁奇亞效應的東西。普魯塔克（Plutarch，譯註：西元四六至一二〇年，生於羅馬時代的希臘作家）說過，眼睛「投射出熾熱的光線」，震懾被看到的任何物體。他認為眼睛發出識別所見事物的光線的信念，奠基於：眼睛的運動是個人有意識的控制意志。就這方面而言，眼睛是「男性的」滲透法則，對照之下，耳朵是「女性的」接收法則。耳朵容易接收，因為它們可以接收傳到耳朵裡的任何聲音。在許多不同的宗教信仰中，這個古老的信念正是所有眼睛紀律修練的基礎。

一般而言，婦女、兒童和年輕人似乎是最常見的惡眼受害者。在女性社會地位低於男性的社會中，通常認為投射惡眼的是女性。在女性地位不比男性低下許多的社會中，投射惡眼的通常兩性都有。事實上，由於投射馬婁奇亞的能力其實是一種屬靈的現象，因此投射者的性別與傳送馬婁奇亞的能力之間，並沒有什麼關聯。

多數時候，馬婁奇亞被傳送的時候會避開物質身體的感官。只有當馬婁奇亞的勢力開始影響受害者的時候，才可能意識到可能發生問題了。能夠在馬婁奇亞開始傳送之前就感應到的人少之又少，一旦馬婁奇亞被傳送出去，能夠避開的人就更少了。無意識的傳送者，可能會終其一生將詛咒發送給許多人，而且從來不曾有意識的知道自己造成的傷害。

由於發送者不同，這種凶煞能量的傳送強度差異頗大。能夠有意識的投射馬婁奇亞的人類，據說可以一眼殺死樹木和小動物。曾有不少案例的紀錄顯示，投射馬婁奇亞的人，導致袖珍型計算機、立體聲音響以及其他電氣或機械裝置故障（尤其是時鐘和手錶）。顯然，這是無意識的能量。

〈馬可福音〉敘述了一則基督詛咒無花果樹的故事，那時不當季，無花果樹沒有結果子（〈馬可福音〉第十一章十二至十四節）。在耶穌詛咒之後，那棵無花果樹枯死了，「連根都枯死了」（〈馬可福音〉第十一章二十至二十一節）。基督用來詛咒無花果樹的能量，與馬婁奇亞的能量是相同的。

來自馬婁奇亞的症狀，跟其他物質身體的疾病很類似。馬婁奇亞十分普遍，普遍到它是靈療師會首先尋找的東西。不管客戶如何抱怨，馬婁奇亞治療通常是靈療師最先提供的治療。詛咒和負面能量的本質，像是移除馬婁奇亞，是影響任何治療的第一步。移除這種凶煞能量，為客戶帶來希望。

馬婁奇亞最常顯化成隱隱約約的頭痛，痛點大概落在受害者頭部僅四分之一的位置。眼睛可能會流眼淚，這人可能會感覺到眼睛異常疼痛，或是覺得眼睛十分疲倦。比較嚴重的案例則顯示，可能出現思維過程遲鈍、渾身無力、能量不足，或全身倦怠，伴隨頭痛。

馬婁奇亞可能會導致渾身無力，影響身體最虛弱的部分。重複出現馬婁奇亞的案例（例如夫妻之間）顯示，可能愈來愈容易發生事故或輕傷。有時候，憎恨與丈夫發生性關係的妻子，將會因為重複給予丈夫馬婁奇亞而造成丈夫不舉。這種情況很少見，通常發生在至少妻子單方有意為之。懂得觀氣的靈療師，經常描述因馬婁奇亞造成星光結構（astral fabric）被扯開、球形傷口（氣場裡有洞）以及類似的效應。

最常見的症狀混淆，發生在重複的馬婁奇亞與偏頭痛之間。經常從親近的人那裡接收到馬婁奇亞的人，常會斷定自己罹患了慢性偏頭痛。單是病例史，包括頭痛發作前十分鐘發生的任何事件，就可以讓內科醫師或執業醫師做出精確的診斷，這類病例最好轉介給靈療師治療。

每一種壓力性頭痛，都應該接受馬婁奇亞的治療。這個居家治療法簡單、有效，還可以為完成進一步的淨化工作開路。任何頭痛或眼疾病史，都應該被認為與接收到馬婁奇亞有關。

緩解的治療技術

用於治療或緩解馬婁奇亞的任何技術，必定涉及類似的因素。首先，必須從受苦的人身上移除負面的靈性能量。其次，這個人得到祝福，負面的能量被祝福的能量所取代，客觀地說，這可以被比作移除碎片，因為先是外來物被移除掉，然後傷口可以痊癒。

緩解馬婁奇亞最為有效的單一療法是啤酒浴，它將會移除單純的馬婁奇亞的所有痕跡，同時為這個人增加靈性體的實力。請按照下述方法準備和運用啤酒浴：

啤酒浴

一、在半盆浴缸的溫水中加入大約一公升的啤酒和一茶匙的食鹽，順時針方向攪拌，直到啤酒和水混合為止。

二、進入浴缸，將自己完全浸入水中好幾次。然後坐在浴缸裡，將水澆淋在自己身上。再將自己整個浸入水中幾次，用水沖洗幾遍，直到你浸泡在浴缸內六或七分鐘為止。你可以使用平底勺或玻璃杯將水澆淋在自己身上。

三、離開浴缸，用毛巾擦乾頭髮，穿上浴袍，讓身上的水自然風乾。你應該立即走進臥室，真誠的祈求幫助。你能夠祈求的最佳禱告是〈詩篇〉（*Psalm*）第二十三篇。虔誠的基督徒也可以使用主禱文（The Lord's Prayer，〈馬太福音〉第六章九至十三節）。

事實上，沐浴後的祈禱與沐浴本身一樣有效。透過洗澡的行動移除負面能量，一定會使禱告更加有效。大部分的人不知道如何禱告。唯有當一個人知道如何禱告時，祈禱才是有效的馬婁奇亞解毒劑，或是免於馬婁奇亞的保護措施。關於真正的禱告，指示在〈馬太福音〉第六章六節。

〈馬太福音〉（見第五章四十三節至第七章二十九節）提供了一套世界上最為完整的靈性指導系統。在理論上以及日常生活的實務中，都嫻熟掌握這套指示的人，一定會發現，他正在讓自己超脫，不受馬婁奇亞效應的影響。

如果發現自己容易受到馬婁奇亞負面效應的影響，可以持續使用其他治療法治療輕度的馬婁奇亞。對於承受著來自伴侶或生意夥伴乃至朋友的嫉妒或羨慕壓力的人們來說，這些尤其有用。這些治療可以偽裝成裝飾，儀式可以天天奉行，同時試圖將靈魂提升到不再受到影響的程度。

一、我們提過，耳朵是被動接收的器官，眼睛則是好鬥侵略的。象徵性的淨化耳朵，可以使馬婁奇亞的任何邪惡（神性創造的污垢，正是你不希望未來存在的）找不到接收的地方。記住這點，我們可以每天用浸泡在普通舊式雙氧水裡的棉花棒清潔耳朵。這個簡單的動作將會避開接收馬婁奇亞的傾向，或是至少削弱馬婁奇亞。不少人認為，這個做法的附加優點是，使人較不容易罹患一般感冒。

二、肌肉緊繃，尤其是上肩部和後頸沿線緊繃，使人比較容易招致馬婁奇亞的效應。偶爾，「不良氛圍」容易使人觸及馬婁奇亞，因為這個人變得對所處環境不敏感。你可以將滿滿一茶匙的羅勒（天然花草）浸入一瓶乙基外用酒精，白天用來塗抹頸部和肩膀，緩解緊繃，這個療法對感覺到工作壓力的婦女尤其有效，可以用少許棉花或面紙沾酒精羅勒混合液擦拭後頸和雙肩。

三、涼爽的淋浴是絕佳的方法，可以讓自己擺脫白天吸收的負面性、緊繃或擔心。假使下班一回家就馬上沖個酷涼的淋浴，你一定會發現你的居家生活沒有太多的繃緊。對白天工作環境的擔心將會一掃而空，而且晚上你會很有幽默感。

四、早晨來一次盆浴，在水中加入一茶匙海鹽，有助於移除各種輕微的負面振動，以及種種微弱的馬婁奇亞。海鹽可以在健康食品店和某些雜貨店購得。

五、將四分之一茶匙的肉桂粉，加到大約三或四大匙的滑石粉中，製成一種防止他人羨慕和嫉妒的混合物。每天早晨洗完澡後，將這些粉末充分混合好，塗抹在胸部之間的胸骨上。只需要使用少量這樣的粉末——你需要保護，但你並不希望最終聞起來像肉桂軟糖。

護身符與其他對抗馬婁奇亞的保護措施

不同的文化中，曾經使用過不少的護身符和其他物質身體的保護措施，為的是防範馬婁奇亞的效應。最常見的其中一種，是由金或塑料製成的號角，義大利族裔社區的成員，經常為了保護而佩戴這樣的號角。「黃銅馬飾」（Horse Brass）是以前佩戴在馬具上的鑄造黃銅，有各種配置的形狀，最初是用來保護戴著它們的馬匹免受馬婁奇亞的傷害。

其他文化也基於保護的目的而採用各種物品，這些護身符包括雕刻的「無花果」（一隻雕刻的小手以某種方式握住無花果），以及「石頭」（由一顆顆珊瑚和黑玉交替構成的護身符）。這些護身符大部分串成項鍊，戴在脖子上。一個人佩戴的任何護身符或避邪物都會吸引他人的關注，或多或少可以有效的對抗馬婁奇亞。這類護身符和避邪物的真正有效性，始終（至少在某種程度上）取決於使用者的信念。

曾經有一位業務員告訴我，圓形物體分散說話對象的視界，矩形物體則不具有這個功能。因此，銷售拜訪時，他絕不佩戴任何圓形或橢圓形的物品。話說回來，如此的注意力分散，正是為了防範馬婁奇亞而佩戴任何護身符的主要效用。與護身符佩戴者說話的人，通常因護身符而分散了注意力。護身符的意圖是，任何羨慕或嫉妒的感覺，都會被導向佩戴的護身符，而不是佩戴護身符的人。

還有其他措施，可以防止馬婁奇亞的效應滲透接收到那個瞥見的人。最有效的單一動作是祈禱。全天候為保護而祈禱，最好的祈禱時間是早晨起床時。真誠的祈禱總是得到回應。

你可以在腰間繫一根繩索，作為封閉自己氣場的有效方法。女人可以佩戴一條打了結的腰帶（要麼在衣服上方，要麼在衣服底下），在身體前方打個平結。男人可以用同樣的方式將優質的棉線環腰綁好，但要繫在衣服底下。

如果你是體現宗教修習的真誠信徒，那麼佩戴神聖耶穌受難像或是其他宗教護身符也是有效的。如果你不相信護身符的功效，那佩戴護身符就沒有任何意義，因為戴了也沒用。

偶爾，專為防範馬婁奇亞而佩戴的護身符、避邪物和宗教象徵會折損或不見，最好讓它們離開，因為那樣的損壞證明它們已經起了該有的效用。一旦毀損，就應當更換，但是毀損的護身符或避邪物應該留在掉落的地方。意思是，不要把它撿起來！

除了先前提到的啤酒浴之外，還有許多其他方法可以移除馬婁奇亞。大部分（例如德國啤酒浴）具有特定的文化，來自特別的民族傳統。有些在應用方面是受到限制的，或是只有在特定的情況下才可以被傳授。有一種淨化法來自義大利南部，只有在迎來新年的午夜鐘響時，才可以被傳授給某位異性。

一個人是否偏愛沐浴勝過祈禱，那是選擇或信念的問題。啤酒浴通常是靠你自己移除馬婁奇亞最為有效的方法。因為所有案例顯示，如果急救療法提供不了永久的緩解，可能就需要進一步的治療。如果啤酒浴只提供些微緩解的功能，就應該經常重複洗啤酒浴，直至找到可以諮詢的靈療師為止。急救就是急救，急救有它的地位，但是治不了絕症或慢性病。

第三章

睡眠時也能自我保護

除了馬婁奇亞，影響人類且最普遍的靈性難題，可以叫做「睡眠時的影響」。這個說法涵蓋各式各樣的靈性抱怨，而我們將會討論其中最為常見的。仔細推敲睡眠問題的治療法之前，我們需要先討論起因。理解睡眠的功能很重要。

睡眠時的影響

睡眠為表意識心智和動物性身體提供休息的時段。睡眠期間，靈性本質獲准得到一些自由，就好像囚犯被假釋。這樣的類比是正確的！「人生」在世，「靈」（spirit）——人類結構中通常被稱作「靈魂」（soul）的那個部分，實際上是肉身的囚犯。當靈魂化身時，「靈魂」需要一具身體，所以我們其實是擁有身體的靈魂，而不是擁有靈魂的身體。

靈魂是人類結構中真實、不朽、永恆的部分。身體只是我們暫時且可消耗的部分。因此，睡眠成為靈魂的自由時段，等於是每天的休假時間，擺脫在肉身內生存的汲汲營營。現代的科學醫學研究顯示，充足的睡眠對人類至關重要。比起睡眠充足且充分休息的人們，睡眠被剝奪的人更常有心理障礙。睡眠剝奪已被發現是一種真實且往往令人嚴重衰竭的醫學現象。

一旦我們從這個靈性的視角看待睡眠，顯而易見的是，意識的暫停，使思考的、邏輯的、理性的或批評的能力（我們稱之為「心智」）啞然無聲，如此，我們才能接受靈性的本質，或是至少暫且返回靈性的本質。表意識心智（conscious mind）往往抗拒靈界提出的誘惑，因為接受它們等於暗示，「意識」不是完全有意識的。無意間領悟到這點的人，可能會出現嚴重的心智失衡。

因為我們的靈性本質，在睡眠期間最容易受到影響，所以「睡眠時的影響」這句概括性的說法，描述了所有情況。事實上，那個影響可能一直在清醒狀態期間呈現給當事人看，而且只有在他入睡時才顯化出來。因此，它可以被比作盯著老鼠的貓，而貓只有在老鼠放鬆警戒的時候才猛然撲過去。

當我們睡不著的時候，就是有問題了。我們的靈魂本質是閒不下來的。通常，當我們睡不著的時候，朋友說我們一定是在為某事焦慮。那可能是真的，當有意識的探索焦慮的可能性時，我們可能會發現什麼原因導致我們無法入睡。解決這個問題，往往為我們帶來充分休息的睡眠。有時候，即使我們可能認為自己已經有意識的解決問題了，卻還是睡不著。這時候，我們應該開始考慮，很可能在我們睡覺時，某種心靈或非物質的勢力影響著我們。有時候，我們可能會從夢中得到強烈的暗示，明白發生在我們身上的究竟是什麼事情。

夢境發生時

每一個人都有一套對自身夢境的解釋。夢是一個受歡迎且稀奇古怪的話題，我們無法輕而易舉的解釋夢境。可以來討論一下，當夢或所謂的夢發生時，其他事情正在發生的可能性。

低階星光層的誘惑

靈魂在睡眠期間得到釋放所感受到的自由，不應該與較低階的星光體驗混為一談。當「靈」偏愛居住在星光層的時候，這個居住地可以成為尚未進化者欣喜的來源，而且可能很難無視星光層提供的誘惑。較低階的星光誘惑，在被轉譯成白天清醒意識的實相時，有時候會被感知成夢境。偶爾，它們代表我們所謂的「睡眠時的影響」。

舉個例子，較低階的星光夢境往往只是做夢者一廂情願的想法。有時候，它們只是兩個做夢者共有的娛樂，彼此以「靈」的方式鑽研事物，因為他們發現以肉身方式並不恰當。它們也可能是從個人的潛意識釋放緊張所造成的結果。如此在夢中以潛意識方式釋放情緒緊張，是精神分析學的基礎。夢境愈是象徵緊張的釋放，或是以潛意識方式釋放任何一種能量，那個夢對做夢者就愈為生動。

如果某個夢涉及被禁止的經驗，這個夢境就會消耗做夢者的生命力。這股能量不需要在夢境裡被耗盡，反而應該是在正常、清醒的時候被這個人用掉。將我們的生命力耗費在負面的方向，等於當我們在熟睡之際想要掌控來到面前的影響時，用的卻是試圖限制的方法。

在這點上，應該說，生動的夢（我們醒來時容易記住的夢）代表從星光體（非物質身體）釋放能量。這通常是某段記憶的結果，代表負面情緒能量的釋放，往往來自我們內在的情緒阻塞。榮格心理學派分析師以及其他人等，鼓勵做夢的患者以這種方式釋放能量，他們可能沒有討論「星光體」（astral body），但結果是一樣的。做夢體驗的目的，是要清理被阻塞的能量構成的無意識記憶，解決並釋放它。

心智和靈性的清明，來自於成功的心理或成功的靈性治療，而且那一定是任何得到適當引導的靈性訓練的最終結果。

魔法與惡魔

我們聽到許多故事，關於星光惡魔、心靈攻擊、來自深淵的怪物，以及在我們睡覺時出現的各種負面影響。這些故事的絕大部分，是奠基於個人罪疚、恐懼、自欺、貪婪，乃至個人內在的病理障礙，認定自己是這些擾人安寧且經常受創的夢境的受害者。在我們從孩童長成大人的過程中，每一個人內在表意識的是非觀念，都被傳授給潛意識心智。潛意識的是非觀念，為我們召來某些負面力道。當一個人沒有覺知到神性實相是什麼的時候，在這個領域的妄想和自欺，可能比與神性實相打交道更能為自己帶來慰藉。飽受「怪物」騷擾的人們，一定會在時機到來的時候尋求幫助。幫助可以經由精神分析、靈療師、「對的」課程或「對的」老師而到來。

你也聽說過被「著名的黑魔法師」攻擊，萬一你基於某個不太可能發生的原因，而被某位訓練有素且威力強大的魔法師挑中，成為攻擊目標，你八成永遠不會知道。萬一發生這種罕見的情況，你大概會堅定不移的朝著為你設定的目標前進，幾乎沒有希望或機會改變你的路線。當你配合著他的鼓聲前進時，你可能完全相信，你正做著「你」所渴望的一切，你的行為始終代表你自己的最佳利益。在這種攻擊下，一個人可能有問題的唯一線索是，這人的人生一帆風順，沒有任何的困難或麻煩。當他回應他的新主人的聲音時，一切進展順利。因為就人類的事務而言，這往往不被認為是負面狀態，因此很難說服任何人他有任何一丁點的問題。

可以舉出不少案例來顯示這種影響，但是它們的確令人難以置信！除非一個人研究過這個領域，或是確實經歷過這種情況，否則關於魔法能力的故事，並不是一個人可以接受為真的東西。在陌生人看來，這個被下了咒語的人看起來其實很成功，而且完全正常。

心靈攻擊

通常，心靈攻擊並不像上述提到的惡魔、怪物、邪惡的黑魔法師等夢境那麼吸引人。在受害者熟睡期間，可以發生好幾種心靈攻擊，我們將討論其中最常見且最頻繁的。這些夜間攻擊通常不是蓄意的，它們屢見不鮮，通常也不難解決。

普通魔法師

當自稱為魔法師的某人，決定攻擊或企圖控制另外一個人類時，某種較低階的魔法技能正在被顯化出來。而且效應與精通熟練的魔法師完全不同，因為你知道你被攻擊了。你知道有事不對勁，最終你一定會企圖對抗那股能量。這些案例顯示，受害者可能會做惡夢、經常做夢、睡眠不寧，或是看見生動而嚇人的幽靈或其他類型的現象。夥伴們的提示和意見，可能會引發強烈的自省。一個人受到來自他人的企圖所影響，這個感覺可能會促使這個人求助於某位靈療師。正在被攻擊的這個人，甚至可能會改變他的睡眠模式。

心靈接管

「睡眠時的影響」的另一種顯化，發生在當一個人帶著與清醒意識無關的念頭醒來時。比起頭腦中帶著夢境的斷片醒來，這是不同的體驗。夢的殘餘也可能在場，但是除了夢境之外，你可能想著特定的某人。記憶可能會提供線索，說明誰正在設法影響你的睡眠。設法影響你的人，可能甚至沒有意識到自己做著這樣的事。

這些人可能是沒有安全感，你可能對他們很重要，你可能驚嚇到他們，你可能在他們心中代表你甚至不知道的某樣事物。關於心靈保護，重要的是，你不必在意正在影響你的那個人的動機。重點在於，潔淨你的居住空間，讓你可以做你想做的事，不受到別人不當的影響。

這個「接管」影響有許多的起因，結果也是五花八門。雖然最主要的效應是生命力逐步流失，但是症狀可能變化多端，從倦怠感逐漸增加，到受害者逐步將自己的生命獻給另外一個人。受害者可能甚至涉及某個起因，甚至是某個人道主義的起因。線索是，這個人在動作或行為方面做出改變，而且無法解釋。

舉例來說，我的一位客戶變得非常笨拙，而且開始發生各種小事故，有車禍、工作上的意外、上樓時摔下來等等。就此例而言，調查顯示，一名同事正在企圖接管他的職務，這名同事在他身上使用在睡眠期間顯化的魔法。

另一位客戶是人生相當成功的年輕女性。她突然間對一名已經認識了好長一段時間的男子有興趣，那名男子是她以前從不感興趣的。男子似乎沒有回應她的關注。她無法理解自己，而在治療過程中發現，她的女友想要與我的客戶曾經約會多年的男子在一起，這名女友試圖（透過魔法）將她的朋友推入另一名男子的懷抱中，這樣她才能與她想要的男子在一起。當那名沒有回應的男子來找我諮詢、設法了解他到底發生了什麼事的時候，這個案例變得更有意思了！他注意到我的女性客戶對他有興趣，卻不明白自己為什麼不被她所吸引，也不明白為什麼她願意離開男友，向他示好。許多時候，這些類型的活動並不是有意識的完成。多數人並不了解自己的心念投射的力量，無論是有意識的還是無意識的。

為了避免這樣的心靈接管，我們需要理解「心智」是怎麼一回事。進入心智的心念，很少是我們自己有意識的選擇。我們一直對其他人的心念做出回應。因為這情況經常發生，所以我們很難做出自我診斷。若要了解我們是否受到外在力道的影響，我們需要對來自他人的線索保持警覺。朋友和熟人可能會對疲累、我們的態度的改變、性格的改變，或是我們在生活中做出的其他改變發表意見。如果我們足夠警覺，懂得聆聽意見，這些意見就可以告知我們這些外來影響的可能性。

心靈吸血鬼

心靈吸血鬼不是某人在喝你的血！心靈吸血鬼是吸走你的能量的人。這些類型的經驗一點也不罕見，每一個人都認識一個「搾乾」自己的人，這人打電話過來，不斷訴說，而且是在你掛掉電話、想要小睡一下時。或是你去拜訪「某位姑姑」，離開時，你覺得自己出現流感症狀。許多搾乾他人能量的人，完全沒有意識到自己做著那樣的事。

關於「睡眠時的影響」，這位吸血鬼是一個虛弱的人，從比較強健的某人身上汲取生命力。這類吸血鬼的最終結果，顯化在一名受害者身上，這人原本應該一夜好眠，卻在醒來時感到疲倦和不安。在醒來之後的最初幾小時，這人往往覺得易怒、煩躁，或是可能體驗到經常注意力不集中。

感覺到這些症狀時，可以開始尋找線索。當我們在清醒期間與這位心靈吸血鬼交談時，我們開始了解這個人是誰。然後我們準備好在夜裡保護我們的臥室，這樣我們的生命能量才不會被搾乾，從身上流失。

往生者的探訪

偶爾，某人做了一個栩栩如生的夢或是一連串的夢，夢見某位死去的朋友或家人。這有時候表示，往生者的靈正試圖與這位活著的人溝通。如果這些夢沒有重點，如果它們不含任何訊息，那麼可能是這位已故的朋友或親戚單純地在呈現自己，沒有理由。也可能是當事人基於個人的原因放不下這位已離世的人。做一些這樣的夢，是讓做夢者自我內省的好理由，看看自己與離世者的關係是怎麼一回事，該如何和緩。為離世者的平安祈禱始終是很好的想法，但是為你夢見的離世者祈禱尤其值得。

如果這個人不是在「吸引」離世者的靈，那麼問題可以輕而易舉的解決。「樟腦丸治療法」可以讓任何頑固的靈失去能量。這個治療法不會傷害靈，因為靈不會失去生命力，但卻不會再來打擾你。請參見本章後續探討「樟腦丸能驅散外靈」。

浪漫的性愛夢

當你體會到栩栩如生的浪漫感覺，或是醒時記得包含與另一個人的浪漫片斷的夢境時，很可能你實際上是在靈的界域裡體驗到這些浪漫片斷。通常只有在願意接收這類資訊的情況下，性愛插曲才會呈現給表意識心智。這些體驗是關於性愛靈

（sexual spirit）精彩故事的來源，男淫魔（Incubus）和女淫妖（Succubus）與欲拒還迎之人纏綿著引人注目的性愛歡愉。

多數時候，即使夢中包含性高潮，這類片斷也不會涉及你認識的人。夢中的伴侶通常是完全陌生的人。當你認識性愛夢境中的伴侶時，那本身並不保證你與對方在星光層體驗到等量的片斷。比較重要的是，也不保證你夢見的人，在他個人方面對你們共享的夢有任何的了解。不管是誰，只要做過強烈的性愛夢，就應當覺察到這些事實。知道這些事，可以使你在表意識的清醒生活中省掉許多尷尬！

對希望變得更加靈性的人來說，在這些星光聯繫期間體驗到的欣喜，並不特別有裨益。在睡著時真誠的祈禱可以避免這樣的體驗。可以在床單之間撒點鹽和聖水（參見「為你『接地氣』的聖鹽」一節）。如果這些療法不成功，就有必要反躬自省，了解為什麼這些體驗不斷發生。也許基於某個原因，你不斷將它們吸引到自己身上。

靈性症狀治療

「睡眠時的影響」，引發的靈性症狀治療，是一件多方面的事。應當採納好幾種預防措施，作為定期夜間儀式的一部分。有時候也可以採納其他方法，只要你覺得有需要。我們從外在世界得到信號，而且可以留意這些信號。舉例來說，信號可能包括：在工作上與同事發生爭執、與脾氣不好的親戚吵架、即使精疲力竭也不得不睜開眼睛。

要記住的重點是，基本的預防措施很簡單，簡單到誰都可以讓它們成為夜間就寢儀式的一部分。這些基本保護措施應當像刷牙一樣熟悉。而且一旦你覺得有需要嚴加保護，就可以在覺得必要的時候加入其他儀式。當你覺得不需要那些儀式時，你就不再需要它們了。平衡應該被達成，保護不應該變成偏執狂。

與水共眠

預防「睡眠時的影響」的第一項努力是，提供一只接收影響能量的容器。採納一種名為「與水共眠」（sleeping with water）的夜間儀式可以達成這點。這個儀式非常基本，基本到許多人從小時候就一直那麼做，表意識卻完全不知道為什麼那麼做。

夜間就寢前，先裝滿一杯水放在床頭，如此，睡覺時，水就在你身邊。這杯水不是飲用水，它在那裡是要吸收你周圍不想要的一切能量。這杯水絕對不可以飲用。隔天早晨，將這杯水倒入馬桶，將玻璃杯沖洗三遍，沖洗玻璃杯的水同樣倒入馬桶中。把馬桶裡的水沖掉時，你正在沖掉玻璃杯內的東西。

每天晚上重複這個儀式，然後你一定會發現，達成美好睡眠的許多難題消失了。如果覺得睡眠有時候仍舊不安穩，可以每晚在那杯水裡加些樟腦。像火柴棒頭一樣大塊的樟腦，達成的功效就跟更大量的樟腦一樣好。量多未必代表效果更好。樟腦擴散所釋放的能量，將有助於驅散任何的思想念相（thought form）。

每天夜裡用哪一隻手為玻璃杯注滿水其實沒什麼差別，但是隔天早晨，你應該用非慣用手拿玻璃杯（這隻手與你的寫字用手相反。如果你慣用右手，你的非慣用手就是左手）。因為使用這隻手且遵照這個程序，你正在強調那個象徵意義，拒絕取回夜間收集到的那些水。

為你「接地氣」的聖鹽

聖鹽可以在任何的羅馬天主教會取得，在床上的床單之間撒一小撮聖鹽，有助於為你「接地氣」，多少控制一下你在夜裡遠征星光界探險。在床單上灑些聖水也有幫助，但是只在一個人獨睡時才建議使用這個方法。教會或宗教用品店都可以取得聖水。

自從第二次梵蒂岡大會（Second Vatican Conference）以及捨棄拉丁彌撒之後的羅馬天主教儀式改革以來，愈來愈少人相信羅馬天主教神職人員神聖化鹽、油、水的功效。神聖化的行為與神學的主張相反，它仰賴化身人類的靈魂個別的執行能力。如果你想要聖水或聖鹽，教堂用品店可以買到，也可以請神職人員為你製作。你可能想要請求某位特定的神職人員執行神聖化儀式，因為你覺得對方有能力做到。經驗一定會讓你看見，某些神職人員的神聖化工作做得比其他人更好。

將聖鹽或聖水加到兩張床單之間的床上，尤其可以幫助當事人擺脫性愛夢。如果這個做法無濟於事，如果性愛夢發生得太過頻繁，深入內省的方法治不好，那麼可以用祈禱避開那些夢境。臨睡前的真誠祈禱可以將靈魂提升到一個不同的層面。

海鹽可潔淨空氣

面對病弱殘疾者或孩童時，這是非常有用的療法。海鹽潔淨空氣，海水是避開心靈垃圾的絕佳方法。當我們不在海洋附近時，鹽水變成一個問題。海鹽可以從健康食品店購得，通常在沐浴水中或床單之間灑一小撮海鹽就夠了。

樟腦丸能驅散外靈

樟腦丸可以在任何雜貨店買到，它們有助於保護房間免受不必要的心靈侵入。臥室的每一個角落都應該要放置三顆樟腦丸，這些樟腦丸驅散掉可能企圖趁你睡覺時影響你的任何靈的能量。靈看得見這些樟腦丸的效應，它們通常不會進入放置樟腦丸的房間。

如果你的住家有嚴重的靈的問題，可以嘗試在家裡或公寓內的所有角落放置三顆樟腦丸，這也包括將樟腦丸放置在壁櫥內。我發現這個做法幾乎與全面淨化和封印住家或公寓一樣有效，它當然會阻擋所有類型的靈、思想念相、星光現象。

揮發性物質，阻擋靈訪客

放置在房間角落的任何揮發性物質，均有助於清除靈對房間的影響。必須注意的是，揮發性物質通常易燃，因此必須好好挑選，才不會增加住家發生火災的危險。樟腦丸和樟腦是相當安全的。易燃液體有引發火災的危險，如果使用，一定要小心謹慎。

如果某人非常容易做惡夢、非常容易受自然界的精靈們或大自然的力量影響，可以將松節油倒入小酒杯裡，放置在這人就寢房間的角落。

丙酮（acetone）潑在床邊的牆壁上，可以將那道牆有效地封印一週左右，防止來自星光層的訪客。丙酮也會嚴重損壞任何牆面塗料、油漆或牆紙喔！可以將威士忌、蘭姆酒或乙基外用酒精與水各半混合，效果幾乎一樣好，損害卻減少許多。

可以將加了印度墨水染色的丙酮，放置在房間角落的密閉小瓶中，阻擋靈訪客。這種療法可阻擋靈訪客，混淆靈的方向感。護身符只用丙酮和墨水即有其效果，但若加入其他成分好好調製且由靈療師「加持過」，效果會更好。

在南美洲，瑪黛（mate）是用作飲料的一種天然花草。瑪黛茶也是令靈非常洩氣沮喪的，尤其是死者的靈。如果有可以被好好清洗一番的牆壁，加一杯氨水到洗滌水中，可以使牆壁上留下少之又少的非物質影響。如果你接著用瑪黛茶加水溶液（大約一杯瑪黛茶加到約四．五公升的水中）沖洗乾淨的牆壁，你將會發現，那麼做可以阻擋死者的靈六至九個月。這個溶液可以在你睡覺時將它們擋在房間外，或是使它們遠離你的房子——如果那是你所願。

幫助病弱殘疾者

當我們設法幫助他人時，必須先確定自己不是在設法操控對方。不管怎樣，患病的人需要節省體力，他們往往從其他家庭成員那裡盡可能的取得許多能量。花在睡眠的時間應當用來積累和恢復體力，而病人從他人、尤其是孩童身上汲取能量。放一碗水在病人的床下，可以避免能量流失。如果你想要，也可以在那碗水裡加入少許海鹽。應當每天趁病人清醒時，將那碗水清空、沖洗，方法就跟清空你睡眠時用來保護的那碗水一樣。偶爾，這種做法可以對病弱殘疾者產生有裨益的效果。多數時候，這種做法有助於維持能量水平。必須指出的是，這種做法雖然在靈性上有所裨益，但是對疾病卻沒有任何療效，身體的疾病應當請專業醫師治療。

最好在有人臥床的房間內的每一個角落放置三顆樟腦丸，這也是一種值得奉行的優質做法，尤其如果患者是老人家。這個方法將會鎮定心智，促進休息。許多案例顯示，它允許患者擁有更深入、更充分休息的睡眠。同時，樟腦丸阻擋病弱殘疾者汲取其他家庭成員的能量。使用樟腦丸搭配床底下那碗水，可以協助病弱殘疾者重拾健康，但這絕不是萬靈藥，也不是身體生理病症的治療方法。

幫助孩子

所有孩子都經歷著改變，因為他們活在兩個世界裡，一個世界是與自己的自然部分坦然相處，另一個世界是設法成為成人世界的一部分。

有些孩子經歷一段老做可怕惡夢、看見怪物的夢，或是變得害怕睡覺的時期。當這樣的事情發生時，與水共眠，或是在床底下放一碗水，撒少許的海鹽在床上，可以大有幫助。如果這麼做幫不上忙，可以在房間的角落使用松節油。松節油應該被倒入四只小酒杯內（裝半滿），小心翼翼的放置在房間裡。七天後不宜讓松節油留在那裡。將松節油倒入馬桶內，或是放在某個安全的地方。

有些孩子變得過度依戀大自然的力量。有些孩子與這些元素的力量過從甚密，密切到只跟岩石或是雨水、火、土精靈說話，不理其他孩子，甚至不理父母親。有一種療法是用蒿苣葉蓋在孩子床位的周圍區域，每晚這麼做，連續七夜。早晨孩子一醒來，就必須把蒿苣掃乾淨，丟棄。當這個儀式完成時，應當在孩子房間的各個角落放置樟腦丸。此外，每晚將一碗海水放置在床底下，持續一個月左右。每天早晨必須將碗清空，沖洗乾淨，同時每晚換上新鮮的海水。對於寧可跟木棍和石頭玩耍也不願與其他孩子玩耍的孩子來說，這個儀式偶爾可以產生某些戲劇性的療效。對這種療法沒有回應的孩子，一定需要心理學家或精神科醫師的專業協助。某些案例顯示，靈療師可以協助解決這個孩子的問題。

薰香的平靜感

為了可以平靜的休息，建議你偶爾在就寢前用香薰一薰你的臥室。當你與鄰居、親戚或朋友之間發生難題時，對方可能覺得有點想報復你，那麼這麼做是個好主意。如果你剛剛結束與情人的關係，用香薰一薰你的臥室也是個好辦法。最適合達成這個效用的香是乳香和安息香混合。這個混合香的特質，可以在你睡覺時將更多靈性且有裨益的影響帶到你身邊。這些影響將會使比較負面的影響無法接近。關於使用這種香的完整指示，請見第七章。

禱告的力量

當一個人渴望充分休息的睡眠，不受宇宙中的靈性力量干擾時，一定要記住，祈禱是最好的方法，可以解決地球上人生的基本難題。如果一個人在睡覺時為自己的靈魂提升真誠禱告，請求他的靈揚升到更高的階層，讓它可以學習和成長，他必會發現，他逐漸得到靈的揚升以及他所尋求的保護。真誠的禱告總是得到回應，如果一個人祈求某樣東西，而且逐漸養成真誠渴望那樣東西，知道他已經在心裡接收到那樣東西，那麼他一定有機會真正接收到心中的渴望。

因為我們的禱告得到回應，所以玄祕術士們表示，應當在禱告之前確定知道自己想要什麼，我們可以願望成真喔！

第四章

靈性洗禮
——用沐浴淨化

沐浴的歷史與背景

如同前兩章看見的，沐浴的行為可以用來促進靈性以及身體的潔淨。在各大宗教修習中，可以觀察到這是一個有根據的概念。沐浴蘊含在基督教的洗禮儀式中，在此，亞當原罪的污點被清除了。回教徒在祈禱前洗滌的行為，展現出意圖以潔淨的狀態來到神的面前。靈性沐浴意謂著，水沖掉那些不想要的東西，無論我們的污垢是物質或靈性的影響。

雖然大部分基督徒都可以接受洗禮是一種靈性淨化的概念，但似乎比較難以接受以下這個想法：一旦帶著在靈性上潔淨自己的意圖沐浴，沐浴就可以是有裨益的。基督教會在近五十年內經歷了神學的改變，許多神職人員不再將洗禮視為一種帶有魔法或「超出物質」意義的行為。如果我們接受魔法淨化儀式的概念，那麼由約翰主持的基督洗禮一定是啟蒙的開端，使耶穌準備好成為彌賽亞（Messiah）。

〈馬太福音〉第三章十三節至第四章十一節講述了基督的啟蒙故事。耶穌請約翰為他施洗。他滿懷謙卑，儘管事實上約翰體認到耶穌在道德上勝過自己。這種啟蒙與提亞納的阿波羅尼奧斯（Apollonius of Tyana，譯註：西元十五年至一〇〇年，新畢達哥拉斯學派的希臘哲學家，是與耶穌幾乎同一時代的演說家兼哲學家）和厄琉息斯祕儀（Mysteries of Elysium，譯註：古希臘時期位於雅典西北部厄琉息斯的一個祕密教派的年度入會儀式）的啟蒙非常相似。比較啟蒙的故事將會揭示「啟蒙」（initiation）的本質。

啟蒙有一個真正的目的，而且由於在地球上化身的本質，啟蒙必須每一生每一世都在地球上被執行，不管是個人的前世啟蒙，乃至今生「靈的星光啟蒙」。啟蒙總是涉及一種修習、一種特別的信念方式，或是一種執行靈性工作的特定方法。由於這與地球上的某個特定化身有關，為了合理有效，啟蒙必須在肉身中完成。

絕對不宜草率的進入啟蒙，唯有當潛在的靈啟者（initiate）非常熟悉他即將被啟蒙的道路和修行時，最佳的啟蒙才算完成。某些案例顯示，這可能意謂著，這名學生已經與那個修行相關聯也與即將啟蒙他的那個人，相關聯了三或四年的時間。假使某人告訴你，你應當跑向某個啟蒙，那麼如果你跑向另一個方向，你的情況八成會好上許多。

當我們利用自然的東西幫助自己從事靈性化的行為時，就是在與神的旨意和諧互動。就個人的意義而言以及從整個物種的角度來說，地球上的每一樣東西，都被用來實現我們的靈性成長所需要的過程。人類，因為是神性大宇宙中的小宇宙，必須從自己身外吸收他所需要的那些東西，然後將那個影響加到自己身上，才能取得他所追求的天命。這是神為他創造的天命，雖然他可能不會立即意識到這點。

儀式沐浴只是意謂著，我們願意分享一段不是立即出自肉身的經驗；我們洗個淨化澡，祈禱要潔淨自己身上任何靈性的（或看不見的）影響，那可能是我們的氣場中不受歡迎的部分。這個儀式本身指出，我們（無論年紀大小）還是敞開到足以要求宇宙（或神）幫助我們改變我們認為需要被改變的。這點意謂著願意聆聽那個內在的聲音，或是靈性發展的聲音，而且我們變成信任自己的智力頭腦以外的某樣東西。基督說過，除非我們跟小小孩一樣，否則進不了那個王國（〈馬太福音〉第十八章一至六節）。那可以被詮釋成純真到足以去「信任」。儀式沐浴的行為，意謂著那份信任的開始。

儀式浴的功效

可以在靈性上淨化或保護一個人的沐浴，或是基於任何其他靈性或宗教目的之沐浴，與日常生活中去除污垢的沐浴是不一樣的。因為不一樣，所以當沐浴是打算產生靈性或宗教的效用時，就應當遵照基本規則。

洗靈性浴的時候，不要用肥皂、沐浴油或任何其他成分。一旦沐浴水準備好，你就是正在進入一段屬靈的體驗，而這個儀式需要你在心智上將一般沐浴與心智或靈的沐浴分隔開。

你可以購買調配好的沐浴包，也可以自己製作。後續幾頁中，我們將會討論，如何運用花草和堅果以及其他常見的家用物品，在家自製沐浴包。這裡列出的沐浴包有助於解決任何人可能遇到的基本靈性問題。這些描述絕不能完全涵蓋這個領域。要記住的重點是，除非你知道自己正在做什麼，否則千萬別想「自行調配」沐浴包。每一個配方都會喚起某些能量。以負責任的方式運用這些資訊是你的義務。除非你已經研究得夠深入，可以進一步變通，否則建議你嚴格遵照指示說明。

有些人偏愛使用調配好的沐浴包。如果在網路查找，你可以輕易找到販賣香、油和蠟燭的商店。偶爾在這類商店中找到的調配沐浴包是非常有效的。白色沐浴包通常具有最為靈性的振動。為了挑選適合自己的沐浴包，你可以要求店老闆推薦，也可以尋找吸引你的沐浴包。即使你不買沐浴包，可能也會很喜歡逛逛這類商店。

在出售的沐浴包中，最受歡迎的是愛情沐浴包（love bath）。不管怎樣，我們有自製沐浴包的指示說明。

靈性沐浴注意事項

靈性沐浴淨化靈與魂。它們有助於治癒靈魂正在承受的創傷，也可以幫忙促進你的本體（being）的療癒。靈性沐浴無法治癒任何的身體疾病。不要使用這些沐浴療癒你可能有的任何所謂的身體症狀。如果你有任何的身體疾病，請向你的家庭醫師諮詢治療方法。

任何類型的開放性傷口（包括手術切口）都不能洗盆浴。任何類型的手術，之後至少兩週，千萬不要將自己整個浸入水中。如果你做過手術，關於何時可以再次洗盆浴，請遵照醫生的指示。不管醫生怎麼說，任何類型的靈性浴，都應該避開至少兩星期。那段時間過後，如果切口不濕，可以在醫生的許可下，持續洗六週的盆浴。在此情況下，你一定無法將自己完全浸入水中，因為必須保持切口乾燥且遮蓋好。多數人使用某種塑膠袋，要麼作為繃帶要麼當作容器，以保護切口區。要完全遵照醫生的指示。

沐浴無法治癒任何需要外科手術的症狀。如果透過靈性浴的作用，確實有醫療上的緩解發生，那也就是一次奇蹟式的緩解，而不能歸功於沐浴本身的作用。正在企圖顯化出身體問題的靈性原因，可以因靈性的治療而屈服，已經在身體上顯化出來的問題，可以因某種靈性本質的治療而屈服，但是一般人身上問題的緩解，與其說是療癒師能夠因為一種意志的行為而帶來的作用，倒不如說是出自奇蹟。有靈的律法，也有物質宇宙的律法，向療癒師尋求物質身體的治療，通常既浪費時間又浪費金錢。凡是告訴你顯化出來的任何物質身體症狀都可以被治癒的療癒師或靈療師，都是在說假話。把屬於醫生的東西交給醫生吧。

預防治療是另外一回事，因為我們只能在顯化之前努力治療某個靈性上的「可能原因」。有不少沐浴旨在促進物質身體的療癒，但它們的操作卻是在移除致病的靈性原因。它們移除包圍物質身體且對物質身體健康有害的那些影響。對於顯化成身體病症的不管什麼東西，它們並沒有任何的療效。

水，生命的象徵

水始終是生命的象徵。因為水是移動中的生命本質，有能耐淨化我們，去除在人生中養成的靈性障礙和積累。〈創世記〉第一章六節中提到將眾水分開，揭示出一個根據學者所述，這些經文寫成的當時已經是很古老的概念。在古代的巴比倫，兩種水被稱作EA-AE。在現代英語中，我們稱之為淡水（或甜水）和鹽水，兩種水對我們產生不同的效應。

對基督徒、猶太教徒、回教徒來說，海水都是一樣的，它一直負有移除或接收地球所有邪惡的責任，海水帶走並保有負面的東西。另一方面，淡水為我們提供在地球上維持生命所需要的一切。為了移除負面影響而洗的沐浴，如果不是海水，就應當由水和鹽構成。意圖協助或維持我們在地球上生存的沐浴，則應當由淡水構成。

基督教的聖水，是由被祝福或神聖化的鹽和水製成。這個結合用來促使有害的影響，遠離我們。真誠的基督徒可以洗的最靈驗的沐浴之一，就是內含聖水的沐浴。

如何洗儀式浴？

首先要知道，儀式浴並不是要清除你因為活著而積累的身體污垢。如果你想要洗個儀式浴，請先洗個淋浴或盆浴，將身上的塵垢去除掉。然後將浴缸或淋浴間打掃乾淨，如此才能用潔淨的浴缸進行儀式浴。對靈性沐浴的渴望與靈性本質有關，因此浴缸宜清潔乾淨，沒有任何物質世界的痕跡。潔淨的氛圍也可以延伸到包含潔淨的浴室。

要好好準備沐浴這件事。如果選擇花草或堅果浴，或是本章討論過的「家用配方」之一，就必須把配方準備好。如果你使用在宗教用品店買到的沐浴包，那麼你只需要把自己和浴室清洗乾淨，然後準備好開始。

在浴缸中注入大約半滿的溫水或冷水，邊將調配好的沐浴包倒入水中，邊揭開沐浴序曲。如果你正在使用調配好的沐浴包，瓶子至少要沖洗兩次。如果你正在使用自製的花草茶浴，請使用濾茶器將準備好的花草茶過濾到浴缸裡（這麼做可以減輕花草渣堵塞排水管問題）。

裸身進入浴缸，立即將自己整個浸入水中，包括頭部在內。如果這些指示看似滑稽，那麼讓我向你保證，它們一點也不滑稽！現代心理學的指路明燈之一承認，他一輩子從來沒有裸體洗過澡或淋過浴，而且並不打算那麼做。許多女性不裸體洗澡，有些女性從來不曾將頭部浸入任何沐浴水中。裸體沐浴以及頭部（包括頭髮）浸入水中，是靈性沐浴的基本要求。

如果你願意，可以用沐浴水漱口。不過要避免吞下任何沐浴液。要確保沐浴水進入身體的每一個部位。如果你願意，也可以用沐浴液打濕一條乾淨的浴巾，用浴巾擦洗自己。請記住，不要用肥皂。

一次靈性沐浴的時間，應該保持至少六到八分鐘，才能產生最佳效果。就某些靈性沐浴而言，個人可能需要浸泡更長的時間。有些沐浴可能會讓洗澡的人覺得好像六到八分鐘是一段很長的時間。可以將時鐘放在浴缸附近，確保你沐浴的時間夠長。請用機械時鐘或計時器，不要用電子鐘。

當你將水澆淋在自己身上或是用浴巾刷洗時，要為這次沐浴的有效性祈禱。持續將自己整個浸在水中，好好清洗自己，直到沐浴時間結束為止（你可以用乾淨的玻璃杯將水澆淋在自己身上）。祈禱在這裡很重要，因為祈禱幫助你將心念全神貫注在想要養成的事務上。不要讓你的心思漫遊。

離開浴缸時，用毛巾把頭髮包好，但不要擦乾。穿上浴袍，遮住濕答答的身體，但不要用毛巾擦乾。讓身體自然風乾是很重要的。如果你生活在夠溫暖的地方，可以保持裸體，直到完全自然風乾為止，因為你希望沐浴的事後效應繼續留在你身上。為了靈性提升而沐浴之後的二十四小時內，切勿洗澡或洗頭。

無論你在某次靈性沐浴之後是否注意到任何改變，請放心，這次沐浴已經產生了療效。這個療效是在意識的靈性層面，不是在物質層面。除非你有意識的觸及靈性覺受的層次，否則你可能只會注意到，做完靈性沐浴之後，感覺「比較輕盈」。懷疑或不相信靈性沐浴的療效，必會降低這次靈性沐浴將是有所裨益的可能性。

聖水浴

如前所述，基督教的聖水是由被祝福過或被神聖化過的鹽和水構成。真誠的基督徒可以使用聖水浴，有助於靈性進化。聖水可以在宗教用品店買到，有時候可以向天主教會商店購得。聖水也可以由你的神職人員給予祝福。聖水是不能在家自製的。

將一百七十公克到兩百二十公克的聖水加到一浴缸的沐浴水中。沐浴時要祈求靈性淨化。將自己整個浸入浴缸內幾次。待在浴缸裡六至八分鐘。沐浴近尾聲時，應當在浴缸內朗誦「主禱文」。

洗聖水浴時，如果洗完後有些時間獨處，那會很有幫助。要設法安排聖水浴的時間，讓你可以進到自己的房間且持續大約十五分鐘無人打擾。假使不可能那麼做，那麼待在浴室內靜心冥想也是有幫助的。如果你沒有那樣的時間或隱私時段，聖水浴還是可以發揮作用。無論如何，虔誠禱告的靜心冥想，會使聖水浴在你身上產生更為持久的效力。

靈性淨化浴

移除負面影響的沐浴法多不勝數，依據在場的負面影響的類型，適用的沐浴法也不一樣。如果完全遵照指示操作，一般的淨化浴是不會造成傷害的。靈性淨化浴，往往可以將不嚴重的靈性難題清除乾淨。

一號浴

用一只乾淨的一公升玻璃罐。在罐中混合：

- 一杯自來水或海水
- 一大匙家用氨水

- 一茶匙鹽
- 再加入一杯水（同上）

將罐中的內容物加到半盆浴缸的水裡，沐浴五分鐘，整個人浸入水中三次。祈求負面影響得到釋放。除非你的皮膚異常敏感，否則氨水不會對你造成有害的結果。萬一你覺得你的皮膚非常敏感，可能受到影響，那就不要洗一號浴！

二號浴

二號浴也可以移除不同類型的負面影響，還是頭髮和皮膚的補藥。二號浴已經被當作美容浴，因此肌膚敏感的人不需要擔心，除非知道自己對醋過敏。請混合：

- 一杯蘋果醋
- 一茶匙鹽

將這樣的組合加到半盆浴缸的水裡，至少沐浴五分鐘，整個人至少完全浸入水中三次。祈求周遭的任何負面能量被釋放掉，或是祈求擺脫任何負面的影響或你感覺到的擔憂。

三號浴

三號浴比較直接關連到物質身體的淨化。雖然三號浴具有明確的靈性淨化特性，但它也是許多人常用來保持身體潔淨的沐浴法。

將四分之一杯碳酸氫鈉（小蘇打粉）加到一般的沐浴水中。它不僅會使你的沐浴更加從容自在，而且一段時間經常使用，還有助於消除體味、減輕氣場、增加你的總體幸福感。

推薦這個簡單沐浴法的人，多過其他沐浴法。人們報告了各式各樣的治癒，而那些並不是最初洗三號浴的原因！這些治癒包括痔瘡癒合、頭髮增厚、惡夢停止。

因為我覺得這些治癒只能透過個人的靈性進化而發生，所以無法推薦它們作為一種療癒法。依我之見，長期而言，除了個人逐漸而全面的輕盈，任何的好處嚴格說來都是附加利益（我必須承認，我定期將小蘇打粉加到我的盆浴浴缸中）。

心靈緊張沐浴法

這個沐浴法也具有療癒的聲譽，它是由瀉鹽構成。請混合：

- 四分之一杯瀉鹽
- 一杯碳酸氫鈉（小蘇打粉）
- 一大匙鹽（用海鹽或食鹽）

這個沐浴法應該在不用肥皂的情況下進行。單純的浸泡在這樣的沐浴水中，持續十到二十分鐘。它有助於釋放身體和心靈的緊張，以及促進物質身體的總體療癒。

花草浴

花草浴是由天然花草製茶構成，然後將茶用在沐浴中。通常，取一茶匙心中想要的天然花草置於杯中，倒入一杯沸騰的開水。浸泡直至花草茶冷卻到室溫，然後濾掉花草。一杯茶加到半浴缸的水就足夠了。按照之前討論過的指示沐浴（見「如何洗儀式浴？」）。

強大效用的羅勒

可以在沐浴水中加入平時烹飪用的羅勒，新鮮或乾燥的都行。羅勒具有保護和淨化的效用，可以移除負面性，防範進一步負面影響的積累。羅勒對某些人具有強大的效用。當你覺得受到他人威脅，因為與負面或過度激進的人接觸而受害或被弄髒時，就應該使用羅勒。使用羅勒沐浴法時，要祈求靈性的潔淨和保護。待在浴缸內六分鐘，將自己整個浸入水中四次。

肉桂可解決問題

平時烹飪用的肉桂（肉桂粉或肉桂條均可），可以用來幫助解決工作上或家中的問題。一茶匙肉桂粉或一至兩根肉桂條置於杯中，加入一杯沸騰的開水，浸泡肉桂，就跟浸泡其他天然花草一樣。肉桂有助於停止爭執或意見分歧，也可以用來提高收入。待在浴缸內五分鐘，將自己整個浸入水中四次。祈求保護和平靜，或是祈求財務狀況得到改善。

金錢肉桂沐浴法

將一杯肉桂茶加到四杯香芹（parsley）茶中。將混合的茶分成五等份。連續五天洗五次澡。為財務改善而祈禱。不要具體說明你的財務改善的來源，而是讓宇宙提供答案。待在浴缸內六至八分鐘，將自己整個浸入水中五次。

肉桂懷孕沐浴法

肉桂沐浴法已經被用來協助想要懷孕和生孩子的夫妻，想懷孕的男女都應當洗肉桂浴。這個沐浴法只需要在沐浴水中加入一杯肉桂茶即可完成。伴侶應當個別洗完肉桂浴，各用一杯肉桂茶。雙方都應當連續洗肉桂浴，也就是說，在同一天洗或同一個晚上洗，一個洗完輪另一個洗。待在浴缸內六至八分鐘。將自己整個浸入水中七次。雙方都洗完澡後，應當立即性交。要在浴缸內說出的禱詞，應該是祈求健康懷孕和安全分娩。

咖啡辛勤工作浴

從任何身體疾病復元的過程中，咖啡浴將會協助個人恢復元氣。咖啡浴可以用在個人還處於虛弱的狀態，但逐漸康復之時。咖啡浴是多數靈性沐浴法的一個例外，因為如果這是疾病發作後「第一次」洗盆浴，可以將咖啡加到肥皂清潔沐浴水中。

你唯一要做的是，將三到六杯的濃咖啡加到沐浴水中，在其中浸泡至少十到十五分鐘。請尊重你的沐浴，而且要從煮咖啡開始。這不是用即溶咖啡的時候喔！

在沐浴水中加入三至六杯濃咖啡製成的咖啡浴是有用的，額外辛苦工作一週之後，這是很好的浸泡浴，它具有促進天然活力的效用。因為叫做「辛勤工作浴」，所以只宜在週六早上進行，要浸泡至少八至十分鐘。

牛膝草是淨化草本

牛膝草（hyssop）是猶太教的「淨化草本」，它在《聖經》中被提及（見〈詩篇〉第五十一篇七節）。牛膝草構成猶太儀式的一部分（見〈出埃及記〉第十二章二十二節）。它在基督教習俗中也有類似的用法（見〈約翰福音〉第十九章二十九節以及〈希伯來書〉第九章十九節）。凡是想要在靈性上得到淨化的真誠猶太人，都可以將牛膝草用在「淨身池」盆浴中。對基督徒來說，它具有淨化和純化兩種效用。

若要洗牛膝草浴，可將一杯牛膝草茶與半浴缸的水混合。待在這樣的水中六至八分鐘，將自己整個浸入水中五次。這時的祈禱，應該包括請求靈性淨化與靈性開悟。

肉豆蔻可增加好運

粉末狀肉豆蔻製成一杯沐浴用茶，讓人們變得更願意聆聽你說話。肉豆蔻據說可以增加一個人的好運，但它真正做到的是移除那些使你倒霉的負面想法。可以用咖啡濾紙將粉狀肉豆蔻從肉豆蔻茶中濾除掉。當個人有壓力的時候（例如，壓力危及即將到來的重要面試，或是擔憂即將到來的重要對話的結果），這是有幫助的沐浴法。它可以用在當你憂心與迄今為止對你的需求一直沒有回應的伴侶，討論你的「偏愛」之類的重要對話時，也可以用在當你與你覺得勢必沒有反應的親戚討論家族事務時。顯然，你一定需要使用肉豆蔻浴，因為你一直不確定如何表達自己的個性。當你洗過本書列出的其他沐浴，而且培養起更多的自信時，就不太需要肉豆蔻類型的沐浴法。

一杯肉豆蔻茶加入沐浴水中。待在浴缸內八至十分鐘，將自己整個浸入水中六至八次。你期盼為取得渴求的事物所需的決心和力量而祈禱。

改善經濟用香芹

香芹沐浴法可以用來改善經濟。當香芹與肉桂結合時，力量會變得非常強大（見「肉桂」一節）。使用新鮮香芹時，應當使用在商店裡買到的一整把香芹。可以用一公升的水將香芹裝在鍋內小火慢煮十五至二十分鐘。也可以用乾香芹，當乾香芹與肉桂結合時，效果可能會更好。

香芹與蜂蜜的結合

發現自己生命中沒有喜樂的女人，可以使用這種沐浴法。對男人來說，這種沐浴法有助於減輕導致他對自己過於嚴苛的狀態。將一大匙蜂蜜加入一杯香芹茶中製成香芹蜂蜜水，將這樣的混合液加入沐浴水中。待在浴缸內六至八分鐘，將自己整個浸入水中五次。因為這個沐浴法旨在修正這些不愉快的靈性狀態，所以當事人應該祈禱自己的生活變得更加甜美。有些讀者可能覺得這是沒有必要的靈性浴，但事實不然。許多人對生命的喜樂幾乎一無所知，除非你找到喜樂，否則在任何靈性道路上都很難走很遠。

恩典之草——芸香

芸香（rue）跟牛膝草一樣，並不是烹飪用草本，但是重要性足以將它囊括在此。芸香是基督教中的「恩典之草」。芸香製成的沐浴用品，可以有效消除宗教上的困惑，可以幫助確立個人走在基督教的正確道路上。

這個沐浴法也不容忽視，因為許多年輕人如今正在試圖放棄自己的遺產。我們因某個特定的原因而誕生在某個特定的宗教中，多數宗教秩序的門外漢，都沒有覺察到家庭宗教的哲學或儀式。在了解宗教的象徵意義之前，我們不可以真正放棄自己的遺產，因為它會回來找我們。芸香沐浴法可以用來使人開悟，明白需要追求的方向。

一杯芸香茶加入半盆浴缸的水中，待在水中八分鐘，將自己整個浸入水中五次，為靈性道路的清明以及靈性淨化祈禱。

芸香與牛膝草能增強自信

對於考慮離開其出生宗教的人們，特別推薦兩種草本之一（不可混合）的沐浴法。一個人基於某個原因而選擇誕生在某個特定的宗教中，在學會該宗教的功課之前離開該宗教，或是在嫻熟掌握該宗教的功課之後繼續留在該宗教，兩者都是愚蠢的。如果一個人準備好要離開某個宗教修習，他應該要乾乾淨淨的離開，沒有任何的相互指責。他不應該對該宗教或是傳播或修習該宗教的人們，懷有惡意或怨恨。假使還沒達成那樣的意識狀態，就表示還有東西需要向該宗教學習。如果一個人還沒有完成該宗教的修習，那麼仍舊留在該宗教期間，芸香浴或牛膝草浴都可以增強自信。皈依始終是一個嚴肅的問題，想要皈依的人們在真正皈依之前，應該要花大量時間自我檢視。這些沐浴法，將會協助處在某個特定宗教框架內的人們。

當一個人想要擺脫童年信仰的宗教時，這人往往認為，沒有那個宗教，自己會更加自由，然而事實並不盡然。當個人承受巨大壓力時，我們看見宗教信仰和訓練的力量。當疾病來襲時，人們回到神的懷抱。當一個皈依者在家庭中體驗到死亡的罪疚和悲痛時，早期的宗教訓練就回來了。生活在複雜的紐約市的南方浸信會教徒，皈依成佛教徒，當他的妻子意外死亡時，口中一逕說著「她在耶穌的懷抱裡很安全」，這樣的案例屢見不鮮。我們很少知道自己到底多麼不自由。為了努力建立自己的自由，上述沐浴法可以給予很大的幫助。

消滅幻覺——鼠尾草

當普通的烹飪用鼠尾草（鼠尾草粉或鼠尾草葉）加在沐浴水中時，它具有幫助一個人獲得真正智慧的獨特品質。希望達到這種存在狀態的人，應當在每週四早晨日出時分洗鼠尾草浴，同時回顧一週大事以及對那些事件的任何反應。通常的做法是整個人浸入沐浴水中九次，至少浸泡九分鐘。我發現這種沐浴法可以幫助人消滅幻覺，而消滅幻覺正是智慧的重點！

家用沐浴法

顯然還有許多其他花草可以用在沐浴中。不宜貿然實驗其他草本，因為你不知道自己會創造出什麼東西。將兩種常見的廚房用花草混合在一起，可能為自己帶來毀滅。因此，千萬別做那樣的實驗。聽到別人說「千萬別愚弄大自然」的時候，我們會大笑，但是就沐浴而言，這話千真萬確。

可以使用常見的家用產品在家自製若干沐浴法，有助於改變發生在日常生活中的某些症狀。

小蘇打粉沐浴法

在墮胎合法化之前，小蘇打粉很少被用作終止意外懷孕的手段。好家庭的女孩找家庭醫師幫忙；窮姑娘找監護人或療癒師幫忙；可敬的中產階級女孩則遭到無能的後巷非法墮胎者屠殺。許多年前，墮胎是在家中處理的，不想要或意外懷孕都靠使用芸香、普列薄荷（pennyroyal）之類的草本，或是靠我們稱之為瀉鹽的常見家庭療法將其終結。今天，墮胎已經成為爭議性的課題，我們在此不關注這點，而是關注不管墮胎如何執行，該如何抵消墮胎的後遺症。

任何類型的墮胎（包括由草藥或民俗療法引發的墮胎），總是會影響靈性的扎根接地，而且需要時間才能減緩這個症狀。用約半公升的小蘇打粉洗澡，可以抵消墮胎造成的效應。第一天找三個不同時段用小蘇打粉沐浴，然後一天洗一次，持續一星期。在墮胎發生兩週之後，才可以開始以這個方式連續用小蘇打粉沐浴。這也是流產過後可以採用的優質沐浴系列，因為它對個人具有減輕的效用。在連續用小蘇打粉沐浴的最後，要洗一次羅勒浴。

旨在促進療癒的沐浴法，之所以可以促進療癒，是因為清除掉存在於靈性層面的難題的起因。基於這個原因，任何靈性浴可能都附帶一些對身體的好處。然而，由於淨化發生在靈性層面，物質層面的結果之後才會顯化出來，因此療癒的發生並不會立即顯而易見。使用瀉鹽或草本作為常用避孕手段的人們，乃至使用合法墮胎作為避孕手段的人們，都是在濫用特權。經歷過多次墮胎的人，可能需要連續使用一系列達至靈性扎根接地的沐浴法。

藍色沐浴法

藍色洗劑有助於恢復活力，對療癒曬傷後遺症也特別有效。用二分之一茶匙的藍色洗劑，或是一顆「藍球」（blueing ball，壓縮的碳酸鈉和茴香胺染料製成球狀物，用於沐浴及洗衣），或是一茶匙的藍色液體。這個成分應該被加到滿滿一盆的浸泡用沐浴水中，而你應當放鬆，泡在裡面十至十五分鐘。如果因為過度暴露在太陽底下而造成極度疲倦或困乏，也可以連續兩天採用藍色沐浴法。如果感覺活力低下，也可以在洗過啤酒浴之後一、兩天再洗藍色沐浴。

靛藍是藍色沐浴法中的活性成分，以發藍（blueing）的狀態存在。然而，如果某人單純的使用藍色食用色素，這樣的沐浴也是有效的，這個方法就是需要藍色。

康乃馨沐浴法

康乃馨沐浴法是最優質的淨化浴之一，由康乃馨花製成。應該將七朵白色康乃馨花放在半盆浴缸水裡。一進入浴缸，就用那些康乃馨花從頭到腳用力擦洗自己。花瓣會開始掉落。這個沐浴法將會澈底淨化你的氣場。它吸收負面的影響，將負面影響沖洗掉。

由於在你洗掉負面性的時候，花瓣隨之掉落，因此要在浴缸排水孔上方放置某種過濾器，讓水排出浴缸時攔住花瓣和葉子。洗完澡後，撿起花瓣和葉子，丟進垃圾桶。

康乃馨沐浴法沒有時間限制。在用花洗掉負面性的過程中，你不需要將自己整個浸入水裡。浸泡在浴缸內的時候，你可以全神貫注於靈性的淨化，同時為靈性的純淨祈禱。

黑麥麵粉沐浴法

沐浴可以由多種相當不尋常的物質構成，每一種物質都有自己的效用。這是你不應該擅自實驗的原因之一，因為洗一個覺得很美妙的澡，極可能會損害非物質的身體，而且還會造成意料之外的反應。

比較有意思的沐浴法之一是由黑麥麵粉（rye flour）構成。將大約一杯的黑麥麵粉過篩到裝滿水的浴缸裡。一旦浴缸內有足夠的水，就攪拌沐浴水，讓黑麥麵粉與水澈底混合。然後在你浸泡在浴缸內至少五到七分鐘的過程中，將自己整個浸入水中四或五次。

這個沐浴法具有的特性，可以緩解和釋放沐浴者潛意識心智中已解決的課題。因為釋放掉已解決的課題，那些課題就不太可能再次浮現在當事人的表意識心智，造成困擾。

有辨別力的人一定會領悟到，黑麥穀粒一定與人類心智狀態的機能有某種連結。黑麥與人類心智狀態之間的另一種連結，可以證明這點是正確的。麥角菌（ergot）是一種生長在黑麥植物上的罕見黑黴菌，人們因為食用已被黑黴菌污染的黑麥麵粉製作的食物，導致嚴重的心智障礙。

雙氧水沐浴法

將一瓶藥房買到的雙氧水加到一浴缸的水中，製成另一種家用沐浴法。重要的是，要用藥房買到的濃度百分之三的雙氧水，而不是濃度百分之三十的雙氧水，這種雙氧水在健康食品店很少見到。使用較濃的雙氧水溶液並不會產生同樣的效果，因為太濃，無法用作沐浴液，就連用一浴缸的水稀釋也不行。

雙氧水在沐浴中提供稍微過量的氧氣，這讓沐浴的人有可能解決不虔誠和不道德的課題。這個沐浴法在無意識層面釋放沐浴者身上關於這個課題的思想念相。當你感覺到衰弱，不然就是「疲憊不堪」時，洗個雙氧水浴往往是值得的。它可能有也可能沒有任何實際或永久的效用，但是通常至少可以暫時減輕精疲力竭和壓力重重的狀態。

其他家用沐浴法

有一款印度肥皂，印度商店和一些新時代商店都買得到，通常叫做「綠色肥皂」（green soap），正確的名稱是「香蒂卡阿育吠陀手工皂」（Chandrika Ayurvedic soap）。它就跟其他肥皂一樣，可以用來沐浴。它具有的特性是：能夠洗掉大部分人們似乎每天積聚的星光碎屑。強烈建議你使用這款肥皂，只要你能夠找到提供的賣家。我自己也用這種肥皂，是從我家附近的印度雜貨店購得。

卡斯提爾橄欖皂（Castile soap）是靈療師的另一個最愛。這種幾乎透明的肥皂具有略微提升的特性。除了用於一般的淨化目的，還可以在沐浴時用卡斯提爾橄欖皂清洗身體，在沐浴水中加入三大匙磨碎的白蛋殼，可以增強卡斯提爾橄欖皂的提升特性，往往使沐浴者擺脫強迫性的執念以及負面的教導或信念。

愛情沐浴法

宗教用品店人氣最旺的沐浴包與愛有關。別人這麼做，我們嘲笑，但是請記住，愛是世界上最重要的感覺之一。愛是那麼的重要，重要到我們很難表達它，而任何障礙愛人或被愛能力的阻塞都是值得移除的。結果始終是一個更快樂、更美好的人。當我們對自己感覺良好時，就可以在靈性上以健康許多的態度前進。大家都看過宗教狂熱者，或是所謂冷漠無感的靈性族群，他們最終活得言行不一。

蓍草愛情沐浴法

一人獨洗的其中一種最有效的愛情浴，可以在家輕鬆完成。它是由蓍草（yarrow）葉製成，而蓍草必須是土生土長的，或是養在你家窗臺上或花園中，因為它們必須在新月初升之後不久就被摘下來。新鮮的蓍草葉應該放置在一只乾淨有蓋的一公升梅森玻璃罐（mason jar）內。使用大約一杯的蓍草葉，加水覆蓋，蓋上梅森罐的蓋子，置於冰箱內一週。只把蓍草水（不要蓍草葉）加在沐浴水中，然後在某個週五上午洗蓍草浴，要在正午之前。洗完葉子應該要扔掉，不要再次使用。這個沐浴的效用，等於是向宇宙做出一則微妙的宣告，表示你準備好成為情人了。

待在浴缸內六至八分鐘，將自己整個浸入水中六次。洗蓍草浴時，要祈求某位將會好好愛你的情人，這人也是你可以愛的人。期望去愛你喜歡的某人也是明智的。關於你要求的東西，務必小心謹慎，因為你可能會願望成真。

香芹與蜂蜜也能吸引情人

這個沐浴法列在「香芹」一節中，它可以用來吸引情人或增加財富。假使為某位情人運用沐浴法，必須在沐浴時說出你的禱詞，才能達到你想要的結果。待在浴缸內六至八分鐘，將自己整個浸入水中六次。

只能用鐵鍋的堅果浴

某些種類的堅果可以用來沐浴，這個程序與花草浴不同。堅果浴是將某些堅果放在鐵鍋裡煮沸相當長一段時間才完成的。偶爾必須加些清水，煮完之後，你應該將大約一公升的堅果水加到泡澡水中。

堅果浴只能用鐵鍋，其他金屬製成的鍋子，會對堅果浴的意圖造成不利的影響。堅果浴和花草浴都不可以用鋁製容器製作。鋁不是天然金屬，而是由氧化鋁礦石製成的。鋁的性質，使它無法與你想要使用的植物和堅果的性質和諧共存。一般而言，最好使用鐵或不銹鋼鍋具，這是準備沐浴水時該要特別注意的重點。

核桃浴是淨化浴

核桃浴是淨化浴，具有的特定屬性有助於斷開某段關係，或是斷開與另一個人的任何接觸。這些聯繫透過核桃浴的使用而斷絕。籌備核桃浴之前，務必確定你想要終止那段關係，因為一旦這麼做，就再也沒有回頭路了。那樣的「切斷」只能以這種方式執行一次。許多人說他們想要結束某樣東西，實際上只是想要再回到一段糟糕的關係，因為什麼事也沒發生。使用沐浴法是有責任的。

在一只鐵鍋內煮沸六顆核桃（去殼），大約煮三小時，視需要加水。你可以先倒一公升的水，但在水煮過程中一定需要加更多的水。你最終會得到熱熱黑黑的液體，冷卻後可以用作沐浴液。將黑色液體加到半浴缸的水中混合，在核桃沐浴水中沐浴八分鐘，將自己整個浸入水中七次，祈求可以結束彼此的連結或牽繫。

展開愛的杏仁浴

如果你想要成為一個比較有愛心的人，可以嘗試使用杏仁浴打開你愛人的本性。打開愛人的本性等於是能夠付出和接收愛。在這種情況下，愛不宜與性混淆，因為性是沒有愛就可以完成的。

在鐵鍋中煮沸六顆完整的杏仁（去殼），就跟準備核桃浴時所做的一樣。在杏仁沐浴水中浸泡六分鐘，每分鐘將自己整個浸入水中一次，總共浸入六次。你必須祈禱你可以敞開自己迎接愛，祈求可以增強你愛人的能力，甚至是愛那些恨你的人。

為智慧而在的榛子浴

榛子是為智慧而在的，而榛子浴將會為你帶來一點心智的刺激。更重要的是，它將會使你的心智體保持幾天的潔淨。榛子浴可以用在以下幾種情況：精神萎靡、思想不集中、欠缺心智清明度、說話或溝通異常困難。

榛子浴的製作方法與胡桃浴相同。用九顆完整的榛子（去殼），在榛子水中浸泡九分鐘，將自己整個浸入水中九次。就跟你想的一樣，九是智慧的數目。祈求提升心智清明度，或是祈求結束特定的心智狀態。

增加財富的胡桃浴

胡桃偶爾會幫助某些人增加個人的財富。如果你吃許多胡桃，或是如果你認為胡桃是美味佳餚，那就不要把胡桃用在沐浴中。這是一種棘手的沐浴法，雖然對某些人有好處，但是卻對其他人造成負面的結果。如果你不吃胡桃，又想要嘗試這個沐浴法，那麼它的製作方法與其他沐浴法相同，除了必須用「銅」鍋。

銅被認為是屬於「金星」的金屬，它支配美麗與舒適。財富是條件，幫助我們生活在美麗的環境和相當的舒適中，因此這裡使用銅。水煮六顆胡桃，煮幾個小時。在胡桃水中沐浴九分鐘，將自己整個浸入水中四次。祈求個人的財富、收入增加，或是祈求改變財務狀況。不要具體說明資金來源，因為宇宙的解決方案八成勝過你的辦法。

第五章

生命之水的重要——用水淨化

每一種水都有特定的功能

我們已經多少熟悉了水以及該如何在靈性浴中使用水。現在仔細想想自然狀態下的水，看看該如何用於靈性淨化。水有多種用途，當水與花草或其他成分結合時，可以大大幫助淨化。畢竟，水是地表生命中最大的單一構成要素！

在好幾個宗教傳統中，*上帝告訴所羅門王，祂創造了大海，為的是吸收和掌握每一樣邪惡的東西。因此，這位高貴而博學的君主，把裝有一萬個邪靈的燒瓶和水瓶沉到海底。他遏制了邪靈，為的是減輕人類的苦難。在地中海東邊沿岸，至今仍有許多故事講述漁民捕獲其中一只古老的瓶子。這些人與打開瓶子便被釋放出來

---

* 信不信由你，猶太教和基督教談到所羅門王，回教徒、曼達教派（Mandaeism，由施洗者約翰成立的教派）教徒、諾斯底靈知派（Gnosticism）基督教徒，以及聶斯托里主義（Nestorianism）基督教徒和中國景教教派也都談到所羅門王。

的精靈，一起經歷了非凡的冒險。

海水是威力強大的，可以吸收和移除負面影響。淡水也可以被用來達成這個目的。所有的淡水都降落在大地上，只是半途「流經」，目的地都是海洋。當淡水被用來淨化時，只需要（透過祈禱）命令它，將它正在移除的負面性帶到海洋。假使淡水和海水的效用存有差異和相似之處，那麼我們可能會詢問，其他類型的水的效用是否也存有差異。一直致力於打開直覺能力的那些人，向我們保證，的確存有差異。他們說，每一種水都有自己特定的功能，因此在萬物構成的宇宙格局中，它有自己的用途。我們將要討論一部分不同類型的水，看看該如何將它們用於靈性淨化。

應該受到尊重的聖水

聖水是由某位受命的羅馬天主教會（Roman Catholic Church）或聖公會（the

Episcopal Church）神職人員，以下述方式神聖化的。透過驅魔祈禱，平凡的食鹽被用來淨化任何可能的負面影響，然後請求神的祝福降臨食鹽從而得到祝福，食鹽因此變成聖鹽。普通的自來水也以類似的方法得到驅魔的功效，加進聖鹽，於是鹽水混合液得到祝福，然後對它祈禱。一旦水被如此神聖化，就應該受到尊重。

有些人想要親自神聖化自己的聖水，但我不建議這麼做。在無法取得聖水或當地神職人員不相信聖水功效的時候，才可以自製聖水。唯有當某人非常相信神聖化行為的有效性，而且獻身於由耶穌基督示現的基督宗教習俗，才可以擔當神聖化聖水的工作。英國神祕學家迪翁．福春（Dion Fortune）的著作《心靈自我防護》（*Psychic Self Defense*），提供了一項以神聖化為目標的儀式。

多數新教教會都不相信聖水或聖水的效用。因此，虔誠的新教教徒無法執行有效的神聖化。修行的基督徒，在完全相信自己具有讓水神聖化的道德權利之前，最好從當地的羅馬天主教會取得聖水。不幸的是，有些羅馬天主教和聖公會的神職人員，也不相信神聖化可以改變水的非物質屬性。

聖水中具有神的優點，優點多寡取決於神職人員能夠將水神聖化到什麼程度，當聖水灑遍整個屋子的時候，它可以減輕屋內的振動，使屋子成為住起來比較愉快的地方。用於沐浴的聖水，具有的效用可以減輕真誠信徒的振動。聖水也可以用在日常的祝福儀式中，這時，你可以用聖水祝福自己。這麼做令當事人處在特定的心智狀態，使得應對當天的事件變得比較輕而易舉。

可以用一只小玻璃瓶攜帶聖水，當作避開負面影響的護身符。把小瓶子放在口袋或手提包裡。白天時，只要願意，隨時可用小瓶內的聖水祈禱和祝福自己。聖水也可以被灑在食物上，給予食物神聖的祝福。

海水吸納負面振動

海水是世界海洋鹽水的總稱。海岸邊才有海水，而且海水很少運送到全國各地。偶爾可以在健康食品店的兩公升瓶子裡找到海水，不過這是比較罕見的。

到海邊收集海水是值得做的事。最好在浪潮打來的漲潮區取得海水，而不是在退潮的地方，因為漲潮的海水比較純淨。天氣溫和時，你可以同時沐浴在海洋中，獲得海洋浴提供的好處。在海洋中游泳本身具有淨化的效用，住在離海洋很近的人們應當好好利用這點。

如前所述，海水具有吸收負面振動的優點。凡是想要清理任何負面東西的人，都可以用海水達成這個目的。因為海水具有這個明確的用途，所以可以用於沐浴、作為清洗地板的一個成分，或是讓物品在裡面浸泡乾淨。甚至在所羅門王將一萬個邪靈沉入海裡之前，海就是已經取得負面能量且即將被好好處置的各種效力的貯藏所。

海水可以有許多種用途，你可以用它擦拭家裡的牆壁。為了完成這事，可以將海綿拖把浸入海水中，擰乾，讓拖把潮濕即可。然後擦拭所有的牆壁，移除負面的振動。你一定會注意到房間整個明亮起來。地毯可以同樣方法用拖把擦洗；木製家具可以用濕海綿沾海水擦拭乾淨。當你購買二手家具時，尤其適合這麼做，因為可以清除前家具主人和他們的問題留下的一切「振動」。此外，你可以將大約一杯的海水加入裝了普通清水的十一公升水桶裡，為擦拭或清洗提供出色的溶液。當你想要移除令人作嘔的態度或討厭的客人的記憶和痕跡時，就可以用這種混合液潤濕拖把擦拭地板。當有人來訪且心緒混亂時，這個拖把擦洗溶液是出色的清潔劑。就連我們所愛的人有時候也會迷惘、苦惱、煩躁或沮喪，但是為什麼要忍受別人留下來的振動呢？

海水可以用作其他製劑的成分，幫忙更輕易的解決負面性。舉例來說，當某人希望洗個靈性浴，好淨化自己，擺脫特定的習慣或心態時，將海水加到這個沐浴水裡，有助於消除對靈性浴的某些抗拒。即使我們想要治癒自己的問題，也常發現自己在抗拒治療。海水有助於增強被用在這個淨化浴中的力道，讓它可以更好的發揮作用。被用於特定效果的香水和其他物質，也可以因加入少量的海水而增強（通常大約一滴就夠了）。

河水可讓負面能量蛻變

海洋的水是鹹的；河川、溪水、湖泊是淡水。大海自給自足，而淡水總是與陸地相連，陸地環抱著淡水，限定了淡水的邊界。淡水若要逃脫陸地的擁抱，唯一途徑就是讓自己沒入海洋中。

河水是飲用水的常見來源，即使經過過濾和淨化廠，它仍然是河水。如果你居住在從河川取得飲用水的地區，你可能會認為你家的水龍頭是連續供水的。因為河川有源頭，因此河水具有連續流動的優點。這股動力可以用來讓某人（或某棟建築物）的負面顯化流出那個人（或地方），然後將這種負面能量帶到大海，讓負面能量在此被吸收且隨著時間被蛻變。用水時，對水的祈禱等於是有效的告訴水在這方面該怎麼做。

沐浴在海洋或河川中

去海邊以及沐浴在海洋中，往往為許多人提供非常淨化和清新提神的體驗。只要有可能，將自己完全浸入海水中，搭配為靈性的淨化真誠祈禱，那對一個人產生的效果，就跟由靈療師主持的正式靈性淨化一樣好。

住在紐約市的我們已經被寵壞了，因為輕而易舉便可以造訪大西洋畔的康尼島（Coney Island）。對我們來說，搭個地鐵就到了，很近。我們忘了許多人並不住在海洋附近。對這些人來說，海洋浴是重大事件。

許多時候，人們發現不可能到海邊洗個淨化澡。這時候，洗個河川浴可能可以得到大致相同的效果。同樣地，應該為靈性淨化真誠祈禱，以及讓自己完全沉浸到流動的河水中。

如果你很幸運，就住在海洋或河川附近，建議你至少每年一次沐浴在海水或河水中。這麼做當然不會傷害你，因為你不需要深入水中就可以好好沐浴一番。這樣的沐浴通常大有裨益，確保你每年至少淨化一次，去除海水或河水可以淨化的無論任何事物。

穩定的湖水

湖水是最穩定的一種淡水。它不像河水那樣流動，儘管就連最小的湖泊也與海洋一樣受到潮汐影響。

湖泊是河川流入形成的。湖泊靠泉水供應，要麼因為泉水供給注入湖泊的小溪，要麼因為泉水就在湖泊底下，無論何者，都是湖泊。湖泊是善於接收和保有的力量，湖水跟海水一樣，具有保留的優點。湖水也跟河水一樣，渴望加入海洋。在儀式中使用湖水時，效果不像河水或海水那麼好。當用來移除負面性時，湖水具有極強的保留能力。

瀑布是魔法的加速器

瀑布具有力量的振動。當瀑布與河川相連時，瀑布的力量便與來源處的河川力量相連。瀑布的水可以用作法術中的額外動力成分，這時候，它通常充當魔法加速器。

取自瀑布的水在某些時候用於沐浴，通常是為了替那個沐浴增添動力。其中一例是在洗金錢浴時，為的是設法讓收入的金錢更快速地出現。在這樣的沐浴中，瀑布水可以被視為具有加速的作用。

死水不會用於靈性淨化

死水（stagnant water）是已經停止流動的水。死水往往積累了已經開始腐爛分解的生物殘渣。正在分解的水的氣味，使它擁有另一個「臭水」（stink water）的名稱。這種水很少用在魔法中，而且絕不會用於靈性淨化。

找到光明的泉水

泉水具有可滲透性的優點。泉水從地底下向上搜尋，已經「找到了光明」。既然超市裡有泉水，如果你渴望促進靈性提升，那麼在任何沐浴裡使用泉水都是一級棒。在所有水域中，因為滲透性佳，泉水具有最為男性化的振動。

無生命的蒸餾水

蒸餾水（或去離子水）當中沒有「生命」。由於蒸餾水沒有明確的振動，因此應該避免用作任何類型的靈性工作。蒸餾水最好用在汽車電池和蒸汽熨斗中，千萬別用蒸餾水洗靈性浴喔。

變化多端的雨水

雨水很難使用，因為它的振動變化多端。雨水不宜用於任何的靈性工作，除非靈療師特別告訴你要用雨水。雨水一旦落入湖泊、河川或海洋，就會接受更大水域的振動，變成只是水，不再是雨水。

水和草本淨化噴灑液

既然已經探討了不同類型的水，現在我們來看看如何使用這些水改善自己。我們提過在住家灑聖水，作為在靈性上驅離負面勢力的方法。有不少其他的家用潔淨噴灑液，可以在家自製，然後在需要時派上用場。

噴灑住屋的水應該是泉水或河水。大部分超市都買得到瓶裝泉水，用這類泉水是很好的選擇。之前提過的任何天然花草都可以用來製作噴灑液，將大約一杯「新鮮」的草本放進一公升的梅森玻璃罐，加入兩杯泉水，把容器蓋好，置於冰箱內一週左右。然後用來噴灑屋子的地板和牆壁，或是你想要淨化的任何物品。當以下花草以這種方式被用作噴灑液時，具有下述效用：

羅勒：潔淨並增加振動，給予保護，對抗負面勢力。

牛膝草：純化和淨化振動，讓一個地方在靈性上是平靜的。

薄荷：增加刺激心智的振動，對「待售屋」有好處。

香芹：鎮定並保護一個地方，增加振動，對屋內女性的好處大過對男性的好處。

芸香：提振靈性且令人平靜的振動，可以為房子增添「優雅」。如果在噴灑芸香水之前先對芸香水祈禱，它便具有保護的作用。

鼠尾草：促進問題的解決，因為鼠尾草水可增強心智的清明度，讓人明白所在之地的振動。

蓍草：增加明確的振動，因此蓍草水噴灑之處，可增強存在的人類之愛。

這些天然花草通常可以找到新鮮的，而且必須是新鮮草本才可以用作噴灑液。千萬不要用花草做實驗，因為噴灑液產生的振動與沐浴不同。如果你發覺某個花草浴愉快宜人，千萬不要以為你會樂於活在用同一花草製成的噴灑液噴灑過的地方。

對於不曾替住家噴灑花草液的人們來說，務必這麼做。打開裝天然花草液的玻璃罐的蓋子，一手浸入水中，將水朝牆壁和地板輕彈。等手乾了，再次將手浸入噴灑液中。當你為住屋噴灑時，請祈禱靈性勢力按照你希望做到的完成（根據你已選擇的花草）。經常在熨燙衣服之前先灑水的女性，一定知道該怎麼做。或是回想一下你曾經如何替在海灘上做日光浴的那些人灑上幾滴水。其實很簡單，你不必把整個房子弄得濕答答，甚至到處都是水。

用特殊的水沐浴

被特殊化的水也可以用來沐浴。你可以用泉水在靈性上提升的優點，來增強積極活躍的靈性。在沐浴中加入泉水就可以完成這件事。

帶一只乾淨的碗進浴室。在浴缸內注滿半盆水，然後加入十五至三十公升的泉水。加入八或九朵白玫瑰花。進入浴缸後，立即將自己完全浸入水中。然後用玫瑰花擦洗全身，從腳到頭。從雙腳開始，一路向上。擦洗完成之後，站在浴缸裡，將滿滿四碗水從你的頭頂往下澆淋。然後離開浴缸。不要再次浸入水中。不用說，整個沐浴期間都應該全心全意的為增強你的靈性本質而祈禱。

泉水地板洗滌法

將一打的白色蛋殼壓碎成細粉，加入四．五公升泉水，可以製成絕佳的地板洗滌液。如果在一次美好的靈性潔淨之後，把這樣的洗滌液用在地板上，將有助於防止負面靈性勢力的積累。應該先將房間澈底打掃乾淨，清除掉灰塵，然後用拖把擦拭，促進靈性淨化。這個溶液應該用作最後一次的洗滌液。

第六章

生命潛能的象徵
——用蛋淨化

象徵意義與儀式

蛋是生命潛能的象徵，尤其是成長和發育的象徵。它代表一種純淨的狀態，在這個狀態中，那份潛能為全然神聖的生命而存在。誕生代表進入物質世界，而蛋的象徵意義代表誕生尚未發生。因為這個大自然的象徵意義，蛋是吸收心靈或靈性負面性的最有效媒介之一。在靈的世界裡對生命（或成長／發育）有害的那些勢力，將會從人類或動物受害者轉向它們被導向的東西，於是試圖把蛋當作它們的犧牲品。

蛋的靈性功能不同於醋、樟腦丸或樟腦之類的驅散劑。蛋從被放置的區域吸收負面能量。無論是在雞舍、商店或廚房，或是當靈療師特別用蛋來移除負面性的時候，蛋都會吸收，不假思索，毫無疑問。

如果某人對著一顆蛋祈禱，那顆蛋能夠從一個人身上吸收到的靈性負面性，多過沒人對著那顆蛋祈禱。真誠的祈禱將會幫助那顆蛋移除負面勢力。這個祈禱包括祈禱的對象，以及幫助蛋實現它在儀式中的任務。在西方文明中，我們給予用品的尊重，很少像是，譬如在不那麼高度開發的文化中長大的人們那樣的程度。對著蛋祈禱，與用在彌撒或其他宗教儀式中的祈禱或祝福很類似。祈禱將蛋導向對著蛋祈禱的人所渴望的工作。祈禱的話語被顯化出來。致力於這類事物的人們表示，對於請求的東西，你一定要小心謹慎，因為可能會願望成真。

蛋可移除屬靈的負面性

蛋可以用來淨化自己，擺脫因與邪惡或惡意的人們接觸，帶來的任何靈性負面性的痕跡。對著一顆生蛋祈求靈性淨化，然後將那顆蛋沿著你的後頸上下移動，從頭骨的底部到肩胛骨的「隆起」。然後將那顆蛋扔進馬桶，打破，用水沖掉殘餘。

身體其他部位也可以用蛋揉擦，移除屬靈的負面性。這些部位包括胸骨（乳房之間的區域）、盆骨上方的脊柱底部、生殖區，這些是人體最常吸引凶煞負面能量的區域。

以蛋完成特定淨化

特定的淨化可以用蛋來完成，產生特有的效果。胸骨治療對情緒本質被打擾的症狀是有裨益的。當另外一個人可能正在將負面性導向你的時候，針對後頸治療是有裨益的。治療脊柱底部可以移除負面的想法，防止負面想法被導向一個人的能量、某個活動，乃至與工作相關的負面情境。

終止親密關係

當你渴望終止某段性關係時，應該用一顆蛋擦揉生殖器。與另一個人發生性接觸，將會始終造成星光層的連結。當關係的物質身體層面結束時，這個連結還會持續一年左右，強度日漸減弱。如果你為了切斷聯繫而用蛋擦揉生殖器，這個連結可以被那顆蛋吸收。違法私通的某些人也力行這個儀式。蛋儀式降低被發現的可能性，因為「忠誠的」伴侶可以感應到關係之外的性接觸。

緩解眼睛疲勞

嚴重的眼睛疲勞，或是眼睛內部和周圍的頭痛，無論是否是「馬婁奇亞」所導致，通常可以靠蛋來緩解，在兩隻眼睛上方各放置一顆蛋，讓眼睛放鬆十到二十分鐘。可以用摺疊好的毛巾固定蛋的位置。凡是用於移除靈性負面性的蛋，應該要打破在馬桶裡然後用水沖掉。

移除身體疼痛

身體各個部位的疼痛，往往可以透過蛋的使用而被移除掉。患者要麼用擺在適當位置的蛋放鬆患部，要麼用蛋擦揉患部。這個做法不見得總是對移除疼痛有效，但是如果有效，結果是驚人的。偶爾可以從手臂凹處或膝蓋移除掉關節炎或滑囊炎的疼痛，如果可以移除這些部分的疼痛，通常表示，問題有一個心靈或非物質身體的原因。假使情況如此，應該要諮詢靈療師。

睡著時的保護

萬一你懷疑，某人在你睡著的時候試圖影響你，可以用蛋執行一套有效的療法。你可能懷疑心大起，因為連續幾夜都夢見那個人，或是在你準備上床時，感覺到周圍有東西在場，或是因為與那人接觸時，感應到或看見某種態度。萬一你懷疑這種影響，它必定充其量來自某個低階層級，按照下述方法使用蛋，八成可以永久終止這種影響。

用流動的冷水沖洗一整顆新鮮的蛋。用乾淨的毛巾或餐巾擦乾，然後用軟性鉛筆在蛋上面寫下你的名字。睡覺時，將蛋放在臥室裡與你的頭部相同高度的位置。將蛋留在那裡一星期，除非蛋裂開或打破。一週結束時，將蛋丟入馬桶打破，用水沖掉。萬一蛋在一週結束前便裂開或打破，就丟入馬桶中，再換一顆新蛋。只要蛋放置一週，沒有裂開或打破，你應該就可以擺脫被這人影響的狀態。

容器的容量總有極限，取決於容器的內部有多大。同理，蛋也只能接受限量的負面能量。當蛋嘗試接受的能量大過它有本領接收的能量時，蛋可能就會裂開或打破。這時候，蛋必須被丟棄，換上另一顆。當某人用力試圖操控你，而你力行著這樣的蛋儀式時，很可能蛋就會破裂。還好，大部分負面的人無法集結足夠的能量讓一顆普通的蛋破裂。

淨化住家

假設你喜歡並買下某間空房子，你可以在搬進新居前先用蛋澈底淨化房子。那些蛋將會吸收可能在場的任何靈性負面性。這麼做為新居提供比較和諧的振動。除此之外，這麼做讓新住戶盡早「感覺輕鬆自在」。只要在屋內每個房間的每一個角落放置一顆蛋，而且持續放置七天。這段時期結束時，那些蛋應該被放入垃圾桶。

完整的留在垃圾桶內，千萬不要打破或壓碎。

淨化你的寵物

蛋也可以用來移除動物的負面靈性能量。在賓州的荷蘭村，蛋被用來移除擠不出奶的乳牛的「霉運」或詛咒。一位懷俄明州的牧羊人，曾經成功的用蛋來防止他的牧羊犬因工作而吸收到負面能量。每當牧羊犬看似易怒煩躁或心神渙散時，他就用蛋擦揉那隻牧羊犬，他覺得這個過程對那隻狗特別有裨益。

為病人淨化

蛋的另外一個用途是在病房裡。在病弱殘疾者的病房，各角落放置一顆蛋，這麼做往往對這人有裨益，因為他會休息得比較好。因為有蛋在場吸收動亂的能量，病患、老人或長期體弱者的混亂星光狀態，可以被移除掉，或是至少得到緩解。將蛋放在床的四角作為額外的輔助，那些蛋必須每週更換——沒有冷藏的蛋會變質——吸收靈性能量，並不是蛋裂開和打破的唯一原因！

與任何屬靈的力量合作時，要懷疑顯而易見的東西。當蛋裂開且聞起來有硫化氫（發臭的蛋）的氣味時，千萬別懷疑是某個屬靈的原因造成的。

第七章

召喚星光宇宙的力量
——用香淨化

氣味和星光界的效應

雖然香可以用來淨化某個地方或為某人薰香消毒，但是效用範圍多變，從非常溫和到十分強烈。對不善於用香的人們來說，某些種類的強烈淨化香，其實會產生有害的影響。這裡不會提到這類型的香。我們將要關注的是用香安全的淨化空間，為個人薰香消毒。這些可以是非常強力的援助，幫忙維持家中靈性的純粹與潔淨。

已被創造或顯化出來的宇宙中，在已化身的人格之間最為反覆不定的那些面向，正是星光宇宙中最為牢固的部分。舉例來說，一公分對任何人而言都是一公分。無論是用來測量木材、紙張或金屬，都是同樣的一公分。一公分是度量單位，而且這個測量法是許多人同意的。我們物質身體的嗅覺和味覺，無法提供這種比較標準，因為它們是被開發或「被培養」的感官。在多數人之間，這些感官只有最為粗略的外部參照，因為並沒有測量氣味或味道的公制標準。某人聞起來或嚐起來好的東西，可能讓另外一個人厭惡或噁心。

每一個人都開發出可以巧妙分辨各種味道和氣味的能力，才有辦法運用社會接受的品嚐和聞嗅標準。對普通人來說，除了宜人或不宜人，氣味幾乎沒有什麼意義，因為我們在自己的文化中並不強調這些。事實上，氣味與星光界密切呼應。簡要介紹過星光界的規則之後，大家都可以輕易的學會用來測量「幾公分」的視覺和觸覺。與星光層上的氣味的關係並不是那麼簡單，但是只要你體會到這個概念，就可以學會。

味道和氣味對星光界的效應，大過實體（質量）對物質界的效應。在《聖經》中，我們讀到挪亞準備的燔祭是「馨香之氣」（〈創世記〉第八章二十至二十一節）。香的氣味和食物祭品的味道，正是為星光層居民補充能量的東西。香是氣味或芬芳呈現純淨的狀態，它可以為靈性地區的居民提供能量。

在某種程度上，我們可以將燃燒的香比作向上發送烽火或照明彈，吸引我們想要召喚的那些靈性力量。每一種氣味迎合某種特定的「力」的喜好，於是這股力回應那個召喚。一旦那些力來到香正在燃燒的地方，它們顯化出自己的本質。於是我們在召喚這些力的地方得到自己想要的效果。

當我們用香潔淨某個地方時，等於是在召喚星光宇宙中經常用來移除負面影響的那些力道。我們只是在召喚它們，請求它們在某個特定區域工作。當我們燒香，以此改善某個地方的振動、為某個地方帶來比較「屬靈的」振動時，我們就召喚了那些自然而然起作用改善靈性振動的力道。每一種香，或是混合香，都是一種「電話號碼」，根據我們要求的真誠度得到回應。

如果燒香卻沒有真正的目的，我們可能會發現那些力道斷定我們撥錯了電話號碼，它們無法與我們的渴望和諧作用。不管是哪一種召喚，那些力道只會與祈禱展現的真誠度與清晰度成正比。為了能夠正確使用香，我們必須先理解這些規則。

在不熟悉香之前，實驗用三十公克的這個香和一丁點那個香組成的特殊香，其實是沒有用的。這些混合香得到的效果是多數人感知不到的。人的心智提供妄想，而妄想帶來的效應，只會傷害這個人最終的發展。理解和欣賞純淨的香的效應，將會幫助這個人的靈性進化，也協助這人打造美好一點的人生。

所有靈性工作的重點都在於敏感度、象徵意義和意圖。一旦利用了適當的象徵意義和意圖，敏感度的重要性便降低了。意圖其實是你對自己打算要做的事到底有多真誠的問題。你對眼前這事的真正意圖是什麼呢？適當的敏感度是由被開發出來的真正直覺能力有多少來操控，具有適當敏感度的人們，只需要增加個人化的象徵意義以及他們的定向意圖。我之所以說個人化的象徵意義，因為已經養成直覺能力的人們，可以使用自己特有的象徵，達成我在這裡談到的同樣目標。

如何焚香？

當你知道如何在木炭上焚燒膠香（gum incense，這是最純淨的香）的時候，這

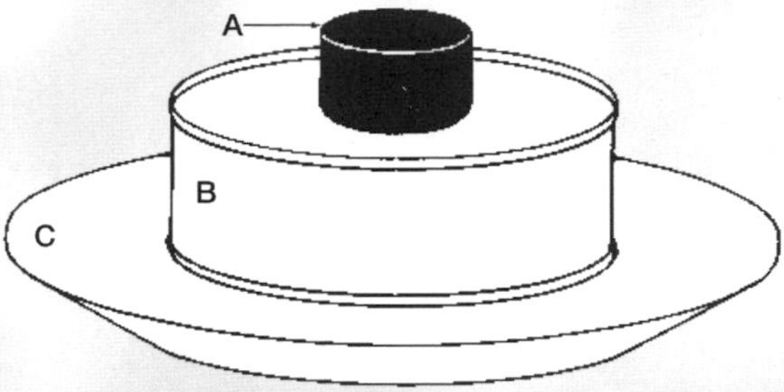

為了在不損毀任何家具的情況下焚香，請將木炭（A）放在碟子（C）上方的倒置空罐（B）上。

事就不困難了，但是在新手看來，焚燒膠香可是困難重重。首先，你不想燒毀自己的房子，也不想在家具上留下燒過的痕跡。你可以找一只空的鮪魚或貓食罐頭，洗乾淨，倒置在一只老舊的茶碟上，為木炭提供一處安全的燃燒空間。可以向宗教用品店或花草鋪購買自燃木炭。劃一根火柴擺在邊緣，這類木炭就可以燃燒起來。木炭迅速點燃，燒過整個表面。不久，木炭會因熱而變紅，然後就可以用茶匙加入粉狀或膠狀的香。一次只添加大約四分之一茶匙，先讓香燒完，再繼續添加。當你將香置於木炭上時，可以為你渴望的效應祈禱。

潔淨房子

開始潔淨房子、公寓或任何區域之前，請先確定已經讀過本章開頭。若要移除任何一種「不良氛圍」，最有效、最安全的香是所謂的龍血香（dragon's blood）。龍血香是從馬來半島（Malay Peninsula）周邊發現的某種植物滲出的膠基樹脂（gum resin），龍血香在美國相當受歡迎，全美許多花草鋪和香料店或玄祕用品店均可購得。偶爾可以在老式藥房裡找到龍血香，呈粉末狀。龍血香通常以粉末或桿狀出售，一根桿狀龍血香，直徑大約兩公分半，長度大約十五公分。如果買不到粉末狀龍血香，就必須將桿狀龍血香製成粉末。若要製成粉末，可以拿一把削皮刀費力的刮擦桿狀龍血香，一直刮到有足夠的粉末可以使用為止。如果有研缽和研杵，可以折下一小段龍血香，放在研缽裡研磨。由於不需要太多粉末，因此這並不是特別困難的過程。龍血香有獨特的微紅色，很難與其他香混淆。它具有非常討厭凶煞（邪惡）靈性勢力又同時吸引著有益的靈性勢力的特質。可以說龍血香扮演的是一種星光刀，切掉不想要的東西。

開始潔淨房子或公寓之前，務必打開所有窗戶，這麼做讓凶煞勢力以及獨特的氣味散出去。窗戶打開後，將大約八分之一茶匙的龍血香放在火熱的木炭上，讓它燃燒，直到釋放掉所有的煙為止。等待至少半小時才關閉窗戶。在用龍血香淨化過之後，應該有另外一種香為剛剛潔淨過的地方帶來有裨益的振動。乳香很適合達到這個目的。

首次潔淨某間房屋時，最好離開房屋及其地基一段時間。當你在剛買下的房屋或公寓內做著這類工作時，身邊最好不要有人陪伴。如果有寵物，在你潔淨的時候，或許應該確保牠們在戶外。這麼做可以確保你的寵物不會被任何的負面性所影響（大家都知道，動物對星光層的振動比人類敏感許多，不是嗎？）。這樣的潔淨不會傷害到你，如果你在屋內待上一會兒，它不會對你造成任何影響，但是一切房屋潔淨的工作，最好是在你一個人的時候完成。

讓家庭更甜蜜的方法

萬一你渴望提升家庭生活，讓自己的家庭生活更加甜蜜，可以先用龍血香潔淨房子，再使用以下自行調配的「香」。每當你想要增加這種輕盈的振動，就可以使用這種香——取四分之一茶匙的紅糖，然後用一支湯匙混合二到三滴的蜂蜜。將得到的糊狀物在火熱的木炭上燃燒。用紅糖取代白糖，只是因為紅糖燃燒時似乎比較不刺激。這麼做不會增加性愛的振動，而是增加帶來神性之愛的振動。

東方智者的禮物——乳香

當你去花草鋪購買乳香時，一定會發現你拿到的是半透明的琥珀色膠基樹脂。通常乳香（frankincense）來自於乳香屬（Boswellia）橄欖科（Burseraceae）矮灌木的內部樹皮。乳香的收集地在非洲、印度或阿拉伯，從有歷史紀錄以來，它一直是香的製作材料。所有的香之中，乳香八成是最常用到的，當然也是最有名的。它有能力將靈性提升的影響帶進一個地方，也因此成為教堂香的主要成分。大部分天主教宗教商店出售的調製教堂香，內含百分之五十一的乳香，非常適合將有裨益的影響吸引到某個地方。你可能還記得，三位智者送給襁褓中的基督的禮物之一便是乳香盒。在《聖經》〈出埃及記〉第三十章三十四節建議過乳香的用法，〈啟示錄〉第十八章十三節也提到過。再怎麼推薦乳香也不為過，它是安全無虞的。

想要多少控制一下靈性環境的人們，手頭上應該儲備少量不同種類的香，這樣可以根據場合需求在木炭上焚香。需要的膠基樹脂香只有三種：龍血香、乳香、安息香。

乳香和樟腦混合成日月香

乳香和樟腦一起在研缽裡混合，產生一種堅硬的糊狀材料。這個材料應該被保存起來至少六個月，才能當作香使用。這麼做讓香得以「消化」和成熟。當焚燒這種香時，只需要相當於火柴頭大小的使用量。有些人發現這種香的氣味絕對美妙，有些人則一點也不喜歡。

吸引高階靈性力量的安息香

安息香（benzoin）是另外一種膠基樹脂香。安息香塊是結晶狀的，很容易被手壓碎。比起乳香、沒藥或龍血香，安息香是非常易碎的。它在希臘東正教儀式中被用作教堂香，而在羅馬天主教會中則比較罕見。作為香，安息香有能力直接吸引高階的靈性力量，讓它們更接近人類。安息香可以與乳香一起焚燒，提高兩者的作用，也為焚燒這種香的地方賦予最為正向的靈性振動。

取四茶匙安息香粉，與六茶匙乳香混合。充分混合後，將大約四分之一茶匙加到火熱的木炭上。這種香會促進靈性的清明度，吸引高階星光界的居民來到焚香的地方。這是一種非常優質的香，適合祝福住家或為某人香薰消毒。

不可單獨焚燒的沒藥

三位智者也為襁褓中的基督帶來一盒沒藥（myrrh）。塊狀的膠基樹脂沒藥帶棕色，無光澤，有獨特的氣味。沒藥也被用作大部分的教堂香，但原因與乳香不同。沒藥煙讓星光界更接近地球，打開屬靈的通道，如此，被乳香吸引來的影響可以顯化出來。在任何的混合香中，沒藥的作用，是促進顯化被其他調合香吸引而來的力量，它讓星光界更加接近，允許各種香之間的「運轉」。沒藥的這種屬性，大大的促使它成為令新手洩氣沮喪的香。沒藥只能與乳香一同使用，不可以單獨焚燒。除非沒藥與具提升功能的香混合，否則很容易為不謹慎使用沒藥的人，帶來負面的影響。

取三茶匙的乳香粉與一茶匙的沒藥粉混合，充分混合後，將大約四分之一茶匙粉末加到火熱的木炭上，這種香可以在焚香之地促進某種比較定向的靈性本質。它可以用作靜心香，效果很好。它具有放鬆的靈性振動，讓人憶起拉丁彌撒時代的天主教會。

幫助友誼建立的柯巴脂

柯巴脂（copal）是一種膠基樹脂香，廣泛用在墨西哥和南美洲。從前美國境內幾乎不可能找到柯巴脂，但是現在，好幾家備有宗教用品的墨西哥雜貨店已經開始儲備柯巴脂。如果找得到柯巴脂，不妨試著在木炭上焚燒些許，看看你喜不喜歡它的香氣。

柯巴脂香用於讓人們團結一致，它有助於建立友誼，而不是浪漫的愛情約會。柯巴脂香適合與乳香或安息香或是兩者一起焚燒。如果你正與某個團體一起安排典禮或儀式，乃至做著集體靜心，那麼柯巴脂是一種好香，可以加入你的常用香之中，它有助於使你的團體更為強大。

橙皮與柯巴脂

在雜貨店的香料部找到磨碎的乾橙皮，將它與粉狀的柯巴脂混合，製作出使屋子平靜的好香。不要常燒這種香，每三或四個月一次即可。就跟許多其他的香一樣，它很容易使用過量。

使用簡單的塔香與線香

塔香（incense cone）與線香（incense stick）幾乎在全美各地均可購得。毫無疑問，它們是用起來最簡單的一種香，因為只要在防火的容器中焚燒，就可以輕而易舉的燒起來。關於調製好的香，唯一問題在於氣味。我們不知道誰製造了這些香，或是製造商是否知道自己在做什麼。就調製好的香而言，印度香是品質最好的，一般情況均可使用。你可以放心的使用印度香，它的氣味一定會吸引到它應該吸引到的東西，因為在印度，同樣的香也賣給虔誠的教徒使用。標有「PUJA DHOOP」（法會乳香）或祈禱香的印度香，是美國境內現有最高品質的香。

檀香對多數人來說是最令人鎮定的線香，具有靈性和撫慰的振動。

茉莉為一個地方增加令人鎮定的振動，促進心智的平靜。它也有助於心智清明，尤其是在情緒過度激動時。

玫瑰具有靈性和提升的影響力，如果與茉莉一起焚燒，多少有助於鎮定一直有不少小災難（摔破盤子、遺失文件等等）的地方。這個組合很適合在家裡焚燒，可以平息孩子就寢後留下的活躍振動。

除非為了某個特定情況特別開具，否則應當避免使用松木或其他植物製成的香。它們的影響力很大程度上取決於特定的氣味和強度，因此無法提供通則。

家用香

你可以用普通的烹飪用香料混合屬於自己的香，改變住家的振動。你唯一要做的是燒掉你選出的下述家用香品，達成想要的效果。有些時候，這些是普通的家用香料與之前提到的某些膠基樹脂混合。

鎮定人心的肉桂香

當肉桂在木炭上燃燒時，具有非常鎮定人心的效果。它吸引刺激心智的種種影響，似乎也阻止了家中的激烈爭吵。當肉桂燃燒時，它增強存在屋子內的付出天性，因此，在你覺得負面或吝嗇的人來訪之前，可以焚燒肉桂，效果很好。

聚會前焚燒多香果香

多香果（allspice）香適合社交聚會，它吸引增強意氣相投的影響力。如果你想為朋友們營造意氣相投的氛圍，請在聚會前大約一小時，在木炭上焚燒多香果。

肉桂與多香果組合

當這些香料等量混合且在木炭上燃燒時，它們為住家帶來流暢而機智的振動。剛剛將焚香地點打掃乾淨之後，很適合焚燒這種香。社交活動時，或是當你想要提高人與人之間的溝通層次時，這個組合也可以增加美好的感覺。雖然這種香營造出善於社交的氛圍，但它並不是「愛情魔咒」。

肉豆蔻皮香有助全神貫注

肉豆蔻皮（mace）是由肉豆蔻（nutmeg）的外皮製成，在木炭上焚燒肉豆蔻皮，可以增強一個人的自律感。這是適合用在自習室的好香。當你需要全神貫注於需要被完成的專案時，也可以焚燒肉豆蔻皮。

影響重大的明礬香

明礬（alum）曾經被用在醫學上，多年來一直是家庭藥品，任何藥房均可買到。在木炭上焚燒明礬時，它帶來偉大莊重和自律的影響。其實不應該單獨焚燒明礬，因為它的影響力是非常重大的。你可以結合明礬與肉豆蔻皮，吸引有助於完成困難任務、為小考或大考研讀等等的振動。為了達到這個目的，請結合四分之一茶匙的明礬與三茶匙的肉豆蔻皮。

如果你是學生，可以在讀書期間使用這種香。如果在孩子做功課時在旁邊焚燒一些香，或許功課可以做得更好。如果你有興趣全神貫注在你想要學習的任何主題，這種香勢必有所裨益。

此外，當你想要做出真誠的禱告，祈求指引你找到可以與你一起學習靈性進化的好老師，可以加入一茶匙的乳香或安息香，與這種香一起焚燒。真誠的學生如果準備好邁出這一步，必會得到引導，找到一位誠意與學生的真誠相稱的老師。老師們總是以肉身出現——以靈的形式現身的老師，通常出現在還沒有真正準備好學習任何事物的人們面前，這些老師很容易只是美化了學生的小我。真誠的學生一定會找到活生生的老師，因為這人可以幫助他找到自己的路。

鹽與明礬香結合吸引穩定的推動

當這兩種物質結合成香在木炭上燃燒時，幾乎沒有氣味。然而這個結合吸引到一股穩定的振動。焚燒一茶匙細鹽加入八分之一茶匙的明礬，住家將會變得比較穩定，心靈實力也會增強。這種香應該只在週日的白天焚燒，否則不會產生渴望的最大效果。理想情況下，應該在上弦月時期第一次焚燒這種香（上弦月時期介於新月和滿月之間。玄祕人士往往在新月開始整整二十四小時以後才利用新月期，也不喜歡在滿月發生前二十四小時利用上弦月時期。占星曆或農民曆將會告訴你月亮目前處在哪一個相位）。

這種香及其用法以實例說明靈界的部分定律，因為宇宙以及我們居住的物質世界都有律法。在上弦月時期焚燒這種香，代表渴望營造新的開始。它是在某個週日白天焚燒的，因為我們想要增強住家的靈性或心靈實力。陽光和每個日子都象徵著這股實力。當我們理解這點時，這些指示說明才有意義。

果乾皮製成香

任何水果的皮都可以切成細末，在木炭上焚燒。這是一種純淨的香，因為除了果皮，沒有其他東西。它們可以用來影響任何住所的靈性氛圍。水果香有助於調節振動，幫助我們在生活中減少浪費能量。

橙皮乾燥，切掉大部分的白色，將會為住家帶來鎮定但多產的振動。

檸檬皮具有澄清的振動，往往可以大大刺激某些人的能量流動。

當你在意賓客的行為時，桃子皮很適合社交場合，它將會不著痕跡的促進端莊穩重。

對多數人來說，石榴皮是一種具提升作用且略帶感官肉慾的振動。發現它具有攻擊性的人們不宜再次使用。他們應該要焚燒一些乳香之類比較輕盈的香，才能把石榴氛圍清理乾淨。

自我香薰消毒法

香薰建築物、營業場所、藝術品，確實不是一般人的層次可以駕馭的。就跟驅邪一樣，香薰應該要留給專業的靈療師。但是香薰自身卻是一種不應該被個人忽略的焚香應用法。凡是想要這麼做的人，都有資格這麼做。只要按照下述指示，根據敘述使用推薦的香，就可以得到你目前期盼的振動改變。千萬不要用其他的香做實驗，你可能會製造出自己不喜歡的氛圍，而且效果將會與你同在，持續至少二十四小時！

找一張直背椅坐下，將你的香爐放在椅子底下。找一張床單（最好是白色床單，不過任何性質類似的東西都可以）。點燃木炭，然後根據下述挑選一種香。當木炭火熱時，將香放在上面，穿著內衣褲坐在椅子上，用床單包裹住自己。看起來好像你正在洗蒸氣浴——床單應當蓋住除了你的頭部以外的每一樣東西，而且應該要下垂到椅子周圍的地板上。要小心，不要讓床單碰到香爐或木炭！像這樣替自己香薰十到十五分鐘。

下面列出香薰用的香。這些就足以解決大部分常見的問題。千萬不要貿然實驗，因為你處理的是你個人的振動啊！

多香果：用於與他人的關係更加和諧，非常適合解決婚姻中或工作上的難題。

安息香：為了讓自己擺脫靈性上的難題，要搭配真誠的禱告，祈求神的幫助。

肉桂：尋求保護，免受他人的影響，而且讓自己保持鎮定。也可以用來祈求某份職務或某個生意機會。

咖啡：尋求保護，免受負面存在體的影響。使用新鮮的（未使用過的）咖啡粉，不是即溶咖啡喔！祈求你想要的保護，適合終結惡夢。

乳香：適合潔淨和靈性成長。一開始，先用乳香來一次美好的整體香薰。

大蒜皮：為了移除負面的思想念相。當你感到洩氣且某個念頭在腦海中徘徊不去時，可以使用大蒜皮（大蒜皮是蒜頭外部白色的部分，當你用大蒜烹飪時，會剝下外皮，扔掉）。

蜂蜜：幾滴蜂蜜滴在木炭上，有助於讓一個人的氣質變得更甜美（也可以用紅糖）。

菸草：適合物質身體的保護和自由，免於受到某種無中生有的邪惡影響。菸草也可以與真誠的祈禱一起使用，讓自己擺脫用惡眼投射他人的能力。將一支香菸整個拆開，使用裡面的菸草，或是使用少量的菸斗菸草。

淨化衣著

有時候，你可能會覺得你穿的某件衣服有「不良氛圍」。假使情況如此，有一種輕而易舉的方法可以改變衣服的振動。使用乳香和安息香，允許香的煙氣經過這件衣服，同時祈禱衣服的任何負面性被淨化掉。用這種方式香薰衣著，已被發現是非常有效的方法，可以移除經年累月聚集的各種負面性。

第八章

讓家成為靈性堡壘

一旦某人移除影響整體生活型態的某些靈性負面性，他可能會想要潔淨住家，讓這些負面勢力可以遠離。當這事完成時，靈性成長的過程就可以繼續展開。靈性上的惱人影響基於許多原因進入，可以用多種方法移除。住所中最常見的靈性苦難，是由於家庭爭執、吵架、分歧而引發靈性苦惱的過程。

敏感的人可能會注意到，在住處發生第一次爭吵之後，家裡的氣氛改變了，不再跟以前一樣。你當初搬進住家時感覺到的平安與和諧之感無法被復原。的確，有時候，不和諧似乎吸引更多不和諧的情境，因此你以為已經解決的那個爭執，繼續以不同的姿態出現，困擾整個家庭。一旦愛的魔咒因不和諧而破裂，讓它復原就是一項艱鉅的任務。

分歧在靈性層面吸引自己的同類。愛與和諧的散發，很快屈服於分歧的不和諧。如果一個人幾乎沒有什麼靈性覺知感，這個過程就很難理解。已經充分開發了直覺能力的人們，一定會輕而易舉的體認到這個現象。

當我們吵架時，能量思想念相負載著負面的情緒能量，然後那股能量在某次家庭爭執的過程中被投射出去。這些思想念相可以得到它們自己的生命，甚至引發進一步的爭執和衝突。被投射出去的不和諧情緒能量，餵養爭執和衝突。這種情況只能經由潔淨房屋、去除積累的負面性解決，這應該要在每次家庭爭執之後的晚上就寢前完成。

在此打個岔，關於家庭中的爭執，我要再多說一件事。許多人不太出言爭辯，他們說幾句話，不同意某事，然後彼此不再交談。這份緊張被攢著，因為兩人都不想直接面對痛苦的問題，害怕這個問題可能帶出其他東西。或許這樁婚姻是不穩定的，雙方都不願意公然提出那個問題。因此，緊張持續不斷，而且那些負面的能量思想念相，依舊被這份緊張所吸引，即使沒有人發出聲音。許多年後，一個敏感的人走進你家，立即感覺到那份緊張和不愉快。敏感的人想要馬上離開像那樣的住家。當我們討論在某次爭執後在靈性上潔淨住家時，這種沉默的爭執就跟感覺被立即表達出來的爭執一樣，有資格享有同等的待遇。

爭執的過程中，在爭執發生的房間內放一碗水，可以降低爭執的緊張局勢。降低爭執「熱度」的另一個方法，是在地板上放冰塊，在爭執進行時或爭執一結束後。兩種儀式都讓住在屋子裡的人們，因為儀式的幫忙而更容易釋放因意見分歧而產生的情緒能量。

一旦重大爭執過去了，應該用二分之一杯氨水和一茶匙食鹽加入一桶拖地水中混合，擦洗整間屋子。這種混合液有助於驅散剩餘的負面思想念相，擦洗整間屋子時，應該將放在爭執房間內的那碗水清空，然後好好沖洗一番。

關於同一個主題，頻繁的爭執應該被叫做無法解決的差異。當這種情況發生時，你們其實需要專業婚姻諮商師或神職人員的忠告。問題很少只論是非對錯。事實上，關於意見不合，通常有許多地方需要妥協。請教婚姻關係諮商師，差異可能會變成妥協，這對相關的一切都是有裨益的。求助於婚姻諮詢師並不代表失敗。如果要解決一段親密關係，引入第三方是一項福音，可以消滅許多不必要的負面性。

當孩子在家中時，隨著進入青春期，孩子的心靈活動會突然激增。青春期意指身體內的能量水平，發生巨大改變的物理階段。這些改變是必要的，因為它們將孩子轉變成成年人。這些能量水平的改變，伴隨著孩子心靈模式的變動，導致青春期的孩子很難相處。

偶爾，青春期也帶來心靈能力的開啟。在第一次月經來臨之前以及之後大約一年的時間裡，年輕女孩在這方面的感受尤其真切。大部分時候，社會從眾性的壓力，導致青春期的孩子在建立了性別身分之後，便立即關閉心靈能力。雖然心靈能力是敞開的，不過卻有大量的能量在運轉，而且並沒有任何真正的管道可以讓能量流動。

在場的間接心靈能量，造成家中的動亂總量過多。這股能量將會餵養在場的任何思想念相，而且最常建立在孩子產生的那些思想念相上。就準備面對的程度或處理的能力而言，孩子的心靈能量都比成年人劇烈。它應當在形成時盡快被驅散，如此，過多的能量才不至於對家庭或婚姻造成壓力。

給孩子一間私人房間，要求孩子睡覺時放一杯水在床頭，這股能量可以因此被遏制和驅散。應該將樟腦丸放置在臥室的各個角落。如此，孩子在睡眠中產生的能量，可以一產生就迅速被驅散，可以攪亂家庭的過剩能量便少之又少。

在物質上，房屋應該是潔淨的，同理，在靈性上，房屋也應該保持潔淨的狀態。可以採取若干簡單的行動來鼓勵房屋保持那樣的狀態。如果這些儀式被納入定期的潔淨計畫中，那麼這個住家必會以更加安寧回應住在那裡的人們。

為了消除不想要的情緒能量，不妨在平日洗滌或拖地的水中，加入四分之一杯的氨水和一茶匙海鹽。洗衣服時，在洗滌水或沖洗水中加入一大匙氨水（請注意：不要在同一桶水中加氨水又加漂白劑喔！它們會形成有毒且具腐蝕性的氣體）。

氨水是廚房聖品。將一大匙氨水加入排水管，可以讓廚房平靜下來，也溶解掉排水管內的油脂。這樣的做法勝過夜晚在廚房的開放空間留一碗氨水，然後隔天早晨將氨水沖入排水管。如果打算清潔烤箱，可以放一碗氨水在烤箱裡，留置一整夜，它可以軟化烤箱壁上的殘餘油脂，讓廚房平靜下來。

可以遵照同樣的程序，處理浴室內的浴缸和水槽排水管。每天這麼做可以讓整間屋子在一週左右的時間內安靜下來。「潔淨與虔敬是相鄰的」，這其中蘊含大量的真理。靈性上的潔淨，使各種形式的負面影響遠離靈性上潔淨的人。此外，它驅散那些正在顯化的過程。

許多年來，一直有含雜酚油（creosote oil）的清潔複方。用雜酚油、氨水和海鹽的合成複方清潔某個地方，將會移除毒性最強和最負面的思想念相。公式如下：

不良氛圍地板洗滌法

- 二十八公克雜酚油清潔劑

- 四分之一杯家用氨水
- 一茶匙海鹽

將上列成分分別加入大約十五公升的熱水中。先拖地板，好好清潔一番，然後用這個溶液將地板再擦拭一次，不要把溶液沖洗掉（不要用雜酚油木材防腐劑，因為它內含石油餾分，不會產生你想要的效果）。

一旦使你的屋子安靜下來，就應該設法保持那個狀態。為了讓住家成為更宜人居的地方，你有一些事可做。盡可能保持窗戶敞開。通風良好的房屋是更加適合居住的，因為陽光和新鮮空氣有助於驅散負面性。

你可能會考慮養許多植物，因為滿是植物的窗戶為一個地方增加健康成長的振動。如果你對栽種植物不是特別感興趣，那麼在四周布置一些剪下來的鮮花就是另一個好辦法。白玫瑰吸收周遭的負面性。當你期待著陌生的賓客時，康乃馨和玫瑰是手邊最出色的鮮花。當你舉行派對時，它們會吸收流出的振動，以這種方式使用鮮花，使你不但可以舉辦派對，而且在賓客離去後仍舊享受住家原有的振動。

當你希望避開負面的靈性勢力時，可以許多方式使用鮮花。舉個例子，印度上師（以及其他靈性領袖）演說的舞台上，往往裝飾著剪下來的鮮花。「花牆」在演說者與聽眾之間形成一道防護屏，保護演說者免於「忠實信徒」將貪婪和欲望的想法傳送給他。另外一個可以想到的例子是葬禮上的鮮花，這個傳統做法可以說是依據上述討論的內容。

確實使用鮮花最重要，與其挑選鮮花種類，或者講究花色和數量，其實有鮮花在場就已足夠。顯然，關於該用多少朵鮮花的通則，勢必由你的空間決定。只要看起來舒服，你可以在家中盡可能多多布置花材。用的花愈多，效果愈好。

萬一有興趣為某個特別的目的選擇特定的鮮花，你可能會對下述清單有興趣：

康乃馨：具有療癒的振動，但也適合用作裝飾。康乃馨可以用在病房中，也可以作為送給住院患者的禮物。康乃馨的存在可以協助移除情緒或心智的騷動。

菊花：具有滋養和母親的振動。新生嬰兒降臨時，很適合在家裡布置菊花，它們是最適合育兒室的鮮花。

梔子花：擁有的振動可以促進人與人之間的和諧，尤其是在伴侶關係或婚姻狀況裡。梔子花吸收婚姻不和諧的振動。如果你想要增強親密關係，不妨將梔子花帶進家裡。

百合花：適合新的開始，當你準備「再一次」嘗試某樣東西時。不過山谷百合不在此列，請使用全開的百合花。

玫瑰：通常帶來愛的振動。玫瑰自由的吸收負面振動，家中有玫瑰，也只適用於吸收負面振動。白玫瑰是純淨的象徵，因此能吸收一切不純淨的東西。玫瑰已被發現可以調和家中的憤怒氛圍。

香豌豆：當這種小花用盆栽種植且仍舊活著的時候，可以讓氣氛變得更加志趣相投且喜歡社交。千萬不要用剪下來的香豌豆達成這個目的，剪下來的香豌豆在場，促進的是男女關係的形成。

如果你不希望周遭有鮮花，或是基於某個原因很難取得鮮花，還有其他方法可以維持你想要的住家振動。把你的住家想成一座靈性的堡壘，這樣就可以維持平靜的氛圍。家是你遠離日常工作與外在世界的地方，是一個不允許外界紛爭的和平之地。因為建立這種思想念相，你一定會發現，這事實上正是你的房屋形成的樣貌，於是你將會進入你的生存在靈性上是安詳寧靜的階段。

第九章

情緒失控的急救治療法

控制理性的能力

有時候，我們可能會感覺到心智負荷過重。某些時候，我們可能會覺得被悲痛、憂傷、自憐或另一種強烈的情緒壓倒。其他時候，我們可能只是覺得有許多事情要處理。我們可能會覺得，所有這些事情的壓力都臨到自己身上，乃至令人疲憊不堪。雖然在這些時候，與某人談一談對我們可能有好處，但是我們可能會覺得，我們只需要清除腦袋中一切沉重的想法，然後重新開始。

有許多原因造成一個人心智混亂或迷惘。一百年前，大家就體認到「腦疲勞」（brain fag）或心智疲累的症狀。這個症狀歸因於做了太多的心智工作或思考過剩。當時用腦力勞動的人與靠體力工作的人不一樣，前者經常被發現有這樣的苦惱。當時為這個症狀開具的治療法，通常是安靜的坐在關了燈的黑暗房間內，暫時什麼都不讀、什麼都不想。因為那個時代，人們認為本該壓抑自己的情緒，當時不像今天這樣，大家都體認到這種心智壓力症狀內含強烈的情緒成分。

使人們無法完全掌控理性心智的另一個症狀是歇斯底里。因為歇斯底里，人們由於內在有著非常強烈的情緒而無法理性控制自己。任何強烈的情緒都可以完全不理會心智的理性能力。我們看見這種情況發生在成人「動怒」時，或是小小孩「大發脾氣」時。多數人都親身體驗過這種情況，也見過它發生在孩童與成人身上。

重要的是要理解，發生在這些人身上的事情是，他們無法控制自己的理性能力。在除此之外完全正常的健康人身上，如此喪失理性控制始終是暫時的現象，當受苦的人內在真的發生這樣的事情時，幾乎是無能為力。基於某個原因變得歇斯底里的人們，通常在相當短暫的時間內努力擺脫那個狀態。在首度失控之後大約四分鐘內，人們通常會再次重拾某種程度的理性掌控。如此暫時歇斯底里的難處在於，某些人可能會對自己的物質身體造成永久的損害，乃至對其他人造成傷害。

容易經常表現出歇斯底里行為的少數人，通常內在都有過多懸而未決的情緒。

這些人應該尋求心理學家或心理治療師的幫助，協助他們糾正這種往往令人憂傷的情況。

有方法可以淨化和增強人類心智狀態的非物質成分。某些時候，這些方法應當遵循靈療師提出的一套完整靈性淨化法。然而，由於手邊不見得總是有這種首選治療法，所以有好幾種方法讓人們可以為自己提供「急救」治療。通常可以找到這種急救治療法，協助當事人控制這些惱人的情緒問題。

與啟蒙相關的洗頭法

幾個世紀以來，洗頭一直與啟蒙進入某些宗教和靈性修習相關聯。全身浸入水中的基督教洗禮儀式，是在啟蒙時洗滌全身的範例，如同浸禮宗（Baptists）和其他支派的做法，那自然而然包含洗頭。在大部分羅馬天主教的洗禮中，神父會將一些聖水灑在受洗的嬰兒頭上，這也算是一種洗頭法。

在許多非基督教的宗教修習中，在啟蒙的時候以及靈性淨化的過程中，洗頭都占有非常重要的地位。在非洲傳統宗教巫毒教（Voudon，譯註：或拼作Voodoo或Voudou）之中，執行啟蒙儀式的人，總是在事後被稱作「洗我頭的人」。世界各地的許多其他宗教，在啟蒙的典禮中，以及經常在其他靈性淨化的儀式中，也都為洗頭儀式留有一席之地。

人們可以為自己執行兩種簡單的洗頭法。這些通常是有用的，可以限制一個人腦海中令人擔憂的念頭，或是幫助他們控制可能不時折磨自己的強烈情緒。這兩種洗頭法具有不同的效用，但卻時常一起使用，因此我會盡可能完整的描述兩者。如果你決定使用其中一種，或是兩種都用，請選擇先採用最適合自己當時心智狀態的那一種。

緩解傷痛感的葫蘆巴洗頭法

用葫蘆巴（fenugreek）茶洗頭，可以經常緩解腦子疲累以及深刻的悲痛感和憂傷感之類的強烈情緒。一大匙葫蘆巴粉加到兩杯熱水中，葫蘆巴茶就製成了。葫蘆巴粉倒入熱水中攪拌，接著讓溶液冷卻到室溫。然後將這個洗頭液擦揉按摩到頭皮裡，就像用洗髮精洗頭髮一樣。

把葫蘆巴茶擦揉按摩到頭皮裡之後，要讓葫蘆巴茶置留在頭上至少五至十分鐘，然後用冷水沖洗乾淨。這個洗頭法的結果始終是要清理患者的心智狀態，讓個人能夠更清晰的思考，不被之前感覺到的強烈情緒所苦惱。此外，這種洗頭法的優勢是，移除由這些和其他情緒產生、既嘮叨不停又令人苦惱的胡思亂想。

與本書內容中提出的某些其他做法不同，建議多數人至少一年兩次使用葫蘆巴茶洗頭。現代化的生活為我們帶來壓力和緊張，大部分的人今天做的是心智工作，而不是體力勞動。因為多數人工作周遭的同事都有自己的情緒問題，所以可以說，「清理一下」對我們是有利的，如此，我們就不會忙著處理自己以外的任何問題。一年用兩次葫蘆巴茶洗頭，可以讓自己的心智狀態保持潔淨，減少來自他人的負面心智影響，讓我們可以更清晰的思考。

腦袋空空需要用鹽洗頭

當一個人似乎無法「歸納彙整」時，或是當他們突然間變得「腦袋空空」，無法清晰的思考任何事情的時候，可能就需要用鹽洗個頭。這種洗頭法通常與用鹽擦澡或鹽浴一起進行。如果與鹽浴一起進行，就要將沐浴水按揉到頭皮裡，往往搭配額外一把鹽。就跟葫蘆巴洗頭法一樣，靠著將溶液擦洗按揉到頭皮裡，也可以完成鹽洗頭法，就跟用洗髮精洗頭髮一樣。

這種鹽浴和鹽洗頭法，是用來幫助感覺斷線、根本無法清晰的思考，或是行為好像「迷失在太空中」的人們扎根接地。將九百公克鹽加入一浴缸的水中，徹底擦洗全身，然後再用額外一把鹽和沐浴水大力洗頭。如果只想洗頭，就在兩杯水中加入盡可能多到可以溶解的鹽，然後將鹽水溶液徹底按揉到頭皮裡。等這人的頭用鹽水溶液擦揉按摩好，就可以用清水沖洗掉。

頭部養護法

頭部養護法是另外一種古老的做法。今天，這個做法主要落實在非洲傳統宗教裡，但它曾經是分布較廣的。有好幾種不同的非洲神話，為頭部養護法提供信以為真的原因，而且各種傳統修習中，也有大量的咒語或儀式，描述這個頭部的養護該如何完成。如果任何一個非洲傳統宗教都執行這項工作，而且全都有完成這個過程的具體程序，那麼就應當好好遵循這個傳統宗教的程序。

我在以下提出的頭部養護程序，並不是取自我所知道的任何一種傳統做法。它是一個簡單的總體流程，確實具有提供心智穩定性的效用。因為那始終是養護頭部渴望達到的結果，我認為它是一套對使用者頗有裨益的流程。

一旦完成上述兩種洗頭法中的任何一種，而且洗過澡或淋過浴，清除掉頭髮上的洗頭複方，就應按照以下程序養護自己的頭部。

採用來自椰子內部含奶量豐富的椰奶，或使用無糖椰漿複方（可在亞洲食品商店購得）。大部分的人們認為，使用直接取自椰子內的椰奶可以帶來更好的結果。但是我發現，無糖椰漿幾乎同樣有裨益。它具有比來自椰子的椰奶更濃稠、更容易按揉到頭皮中的優勢。多數人的頭部都非常需要養護，以至於不管用什麼養護，至少對他們的人生都有些許的幫助。

頭部養護的流程本身很簡單。椰奶或椰漿被擦揉到頭皮中，就跟洗頭複方或洗髮精一樣。一旦將複方按揉進頭皮中，就可以再次梳理頭髮。不過，跟洗頭複方不同的是，椰子複方應該置留在頭上晾乾，最好可以留在頭上一整夜。可以用圍巾或毛巾包住洗頭者的頭部，確保這點，這樣的保護也使得椰漿不會沾到寢具。早晨，可以將椰子複方沖洗乾淨，再按照正常程序用洗髮精洗髮、吹乾。

頭部的養護，也可以在不用任何洗頭法的情況下完成。事實上，我已將頭部養護法推薦給幾個人，作為他們應該定期完成的事。我通常建議至少每三個月養護一次，因為這麼做可以確保這個人保持相當穩定的心智狀態。

用酒養護頭部

養護頭部的另一種方法，涉及用紅葡萄酒或白葡萄酒代替椰奶或椰漿。這個養護頭部的流程，以同樣的方式完成，只是養護的材料不一樣。有些人覺得，與椰奶或椰漿相較，酒能夠更好的釐清和增強自己的心智狀態。如果這是你的經驗，那麼在你養護頭部時，八成會使用或繼續使用葡萄酒。顯然，不能喝酒的人應當避免這種做法。我個人還是偏愛使用椰奶。

請不要認為，這些促進人類心智狀態健康的任何一種技術與心理學或精神病學有關。這些是被用來療癒人類心智狀態的非物質身體部分，而心理學和精神病學療癒的是，人類比較實際可觸知的面向。目前正求助於專業諮商師的人們，當然應該繼續去看諮商師。本章提供的資訊不會在任何方面取代諮商師的工作，他們的專業領域與我自己的專業領域是截然不同的。

第十章

慎選靈療師

本書旨在成為靈性苦難的急救手冊。急救有其極限，雖然可以用來緩解基本問題，但是比較嚴重的問題必須交給受過訓練的專業人士。心靈領域可能會遇到的許多難題，是普通人解決不了的，因為這些難題確實涉及專家的工作。

有不少因素影響誠實且稱職的靈療師的工作地點。一般而言，靈療師很難找到，基於以下幾個原因：你自己對靈性工作的態度、優秀的靈療師很少、騙人的靈療師到處都是。

首先，我們來討論一下，身為客戶，你可能帶著什麼樣的態度。許多人甚至在考量靈性工作時，也有心智障礙。我們的文化已經灌輸了我們一個信念，認為一切存在都是在物質層面，並沒有「心靈能量」之類的東西。因為多數人已經替自己「編程」，接受了這個信念，所以我們拒絕認真的考量，任何其他形式的存在是可能的。當我們只相信物質或物理層面的顯化時，我們就無法接受任何靈療師的工作或能量。

某些人可能表面上拒絕認定——一切存在都發生在物質層面的西方文化信念，這些信念早已全然滲透，但是這個信念卻還是深植心中。這些人也會拒絕任何真正的靈性治療。對於在表面上或理智上認為他們已經拒絕了童年信念的人們來說，真正的靈性治療可能是困難的，因為這種治療可能行不通，而且他們還真的不知道為什麼。

為了成功的治療某個靈性症狀，靈療師必須在客戶可以接受的範圍內療癒。當靈療師來自另一種文化，或是在客戶無法接受的做法中工作時，客戶可能不會允許自己接受幫助。這意謂著，靈療師必須親自分析每一位客戶，看看客戶可以接受淨化工作到什麼程度。如果客戶無法接受幫助，與靈療師預約時間就沒有任何意義。

如果你打電話給某位靈療師，而且基於某個原因，對方並不希望你成為他的客戶，千萬不要認為那個拒絕是針對你。那只是說明，對方領悟到，他無法滿足你的需求。這種拒絕通常代表著，你應當繼續搜尋可以在你的文化背景下為你淨化的稱職靈性工作者。開始搜尋時，你可以先尋找淨化方式與你自己的宗教傳統相容的某人，這個宗教傳統是你幼年的宗教修習，不是最近養成的。

基於許多不同的原因，人們害怕與靈療師一起療癒。舉個例子，有些人相信，一切屬靈的工作都被局限於為受苦的人祈禱。有這個信念的人們，應該請求神父、牧師或基督科學教會（Christian Science）的醫療士為他們祈禱。他們從自己的神父或牧師的祈禱得到的，將會與從訓練有素的靈療師那裡得到的一樣多。基督教科學派醫療士都是靈療師，宗教科學教會（Religious Science Church）為人們「治療」的醫療士也都是靈療師。這些團體都不喜歡因為治療就被歸為與男巫和女巫、聖人製作家（Santero）和巫婆（Strega，譯註：「巫婆」的義大利文）同類，但是基督教科學教會的治療與其他治療一樣真實。

其他人，尤其是新教基本教義派（Protestant Fundamentalist）信徒，認為靈性工作涉及某種與惡魔訂立契約。抱持這些信念，促使有效的靈性工作，不可能為這些人而存在。相信這點的人們，應該要回到他們童年時期的教會，請教會的牧師為他們祈禱。

敞開心來與靈療師合作的人口比例極小。這些人將會允許靈療師根據其特定情況的要求，為他們診斷和開立處方。這些人將會獲得令人滿意的解決方案，解決他們的問題。

尋找靈療師的下一個障礙，是如何找到優質的靈療師。這個領域中有許多騙子，掌紋、牌卡、茶葉解讀師，往往佯裝懂得他們沒有的知識。有些向客戶振振有辭的保證，說客戶已經被詛咒了，唯有大筆現金才能擺脫詛咒。通常，那位客戶從一開始就沒有被詛咒過！避開這類騙子靈療師的簡易方法是，注意他如何為自己打廣告。店面招牌、街角的廣告傳單、任何一種「分發」廣告通常都是你的線索，證明這個人並不專業。吉普賽算命師解決不了嚴重的問題，或是無法幫你做一次認真的解讀。

賣弄炫耀的個性、心理上愛出風頭的人，並不是你需要尋找的那種靈性工作者。如果你聽說某人的工作是靈療師，而且聽說他的時間已經提前幾個月被預訂一空，或是他有一份等候者名單，包括最佳客戶、演藝界人士、社會名流，於是你知道，這個人其實不是靈性工作者。他可能是靈療師，但是真誠的靈性工作者，不會讓人們乃至其他客戶也知道他的客戶是誰。如果他是「明星們的顧問」，其他人不會知道，明星們也不會說出來。

不要將靈性工作者與一般的通靈人混為一談。靈性工作者是通靈人，但那只是他們開始研習的地方。許多人曾經讓各式各樣的通靈人和解讀師解讀過。這些解讀師基本上迎合那些「未被洗滌的民眾」，這些人不太了解神祕學，想要知道一些關於自己內心深處的黑暗祕密。往往，他們只是想看看，「通靈人」能否跟他們說些什麼。有時候，這些人從通靈人那裡取得不錯的資訊，有時候卻得不到。這類解讀師往往是無害的，而且他們可以好好發揮自己的用途。他們可以幫助某人打破束縛，不再相信「生命只是物質」，因為通靈人可以由於來自另一個層面的知識，而知道只有他（或她）能夠知道的事情。不要勸阻你的朋友們去做心靈解讀，因為那對他們來說可能是有趣的體驗。但是，這種解讀者並不是靈療師，靈療師不會為了娛樂你而做「心靈解讀」。

真誠的靈療師不是「心靈調查者」。他可能對自己的工作表現得極其平淡，但他也是鎮定的、效率高的，而且切中要點。他通常對你的心靈體驗並不感興趣，只會為了證明某一點而告訴你他的某個體驗。吹噓自己的成就，或是吹噓自己客戶的名聲和社會地位的人，通常不是令人信服的靈療師。如果他談論為了學習如何受苦，以及你應該如何對他永遠心懷感激，那麼你可能想要避開他。如果他談論他的力量，以及他可以如何將這個力量用在他人身上，那麼他通常不是在為真理服務。凡是對自己執行過的靈性成就或奇蹟沾沾自喜的人，都不是你要尋找的靈療師。

當你尋找真誠的靈療師的時候，沿途會有一些路標。個人奉行什麼修行法或使用什麼格式，其實都無關緊要，但是所有靈療師都有一些共同點。依循這些路標，你可能會找到乾草堆裡的那根針。

一、他不以任何方式打廣告。客戶的到來是經由口耳相傳。偶爾，客戶可能只是穿過門走進來，並不真正知道自己為什麼而來。這位靈療師不是在電話簿中找得到的；他的名字可能也沒列在其中。這位靈療師的郵箱上或大門上可能甚至沒有名字，他在附近保持低調，雖然許多人知道他在那裡。

二、這位靈療師並不是一人獨居。他或她可能已婚，不然就是有配偶，或是可能與某位朋友或夥伴同住。靈療師很少一人獨居，因為如果沒有與另一個不是從事同樣工作的人同住一起所提供的「接地力」，他們就無法有效的從事淨化工作。

三、第一次與這位靈療師見面時，你會感覺到完全自在無拘束。為了讓你需要的淨化工作是有效的，你必須對他有一份與生俱來的信任感。

你必須是心靈敞開的、感覺舒服的。你感覺到的信任，將是一種直覺和本能的信任。如果在你遇見這位靈療師之後不久或是剛遇到的時候，這種感覺並沒有發生，他就幫不了你。如果這位靈療師感應到你的猶豫遲疑，他一定會設法讓你自在安心。然而，這將意謂著，你必須造訪他好幾次，才能夠接受他所做的任何淨化工作。

信任是一種有趣的感覺。我們立即信任某些人，這份信任似乎發生在我們的腸子中的某個地方。當我們過度使用智力頭腦時，信任就不會發生，因為那時候，我們的信任是基於對情況的智性評估。有時候，我們害怕承認對自己的「信任」，因為我們可能會認為，憑直覺立即喜歡或不喜歡某人，等於是在評斷那個人。如果我們聆聽自己的「腸子」，內在的直覺就可以引導我們，幫助我們知道我們需要知道的，不評斷其他人。

四、這位靈療師會立即「知道」你。他將會一眼看透你，你的靈可能會感覺到正在刺穿你靈魂的核心。如果他已經執業多年，一定學會了隱藏這一瞥，但是他也可能沒那麼做。他知道你，而且一定會讓你知道撥動你內在深層心弦的事物。最終，你將會了解到，你欺騙不了靈療師！對靈療師撒謊是不可能的。

五、當你打電話時，真誠的靈療師可能並不是隨時有空。電話打出去，你可能聽到電話答錄機回應。你可能對著幫你留言的某人說話，而且這個人可能會要求你提供姓名、出生資料，以及簡短說明你為什麼打這通電話。然後你可能被要求幾天後再打電話過來，才能預約時間。將預約時間往後延，通常是為了避開想要處理緊急情況的潛在客戶。當人們讓自己的生命靠一寸光陰決定時，他們正在表示，不想為自己的人生負起責任。他們其實是在要求——靈療師拯救他們擺脫——自己已經建造成為緊急事故的事物。靈療師被置於為那個人負責的位置，而負責的事必定是那個人拒絕完成的。

六、通常，靈療師對你非常溫暖和親切。此外，他們是不評斷的。第一次來訪時，你看到的是溫暖和友善，因為你完全被即將幫助你的這個人所接受。靈療師並不冷漠和自大——因為你在那裡，為的是要改善你的意識。如果你發現很難接受溫暖，或是你懷疑溫暖而友善的某人，這必會打消你對這種工作產生更進一步的興趣，由衷的溫暖和真誠通常並行不悖。

如果是出於好奇而尋找靈療師，你可能會被帶著去搭「雲霄飛車」，這對你的靈魂是有好處的，但是可能會令你有點震驚。別人可能會給你各種騙人的神祕資訊，那些可以在靈性上幫助你，但是最終將會讓你看清自己的動機，這種自我覺醒可能是相當令人不快的。

搜尋靈療師的過程中，還有三件事要當心；這三件事不是立即可以注意到的，但是會在你與靈療師一起解決你的難題的一段期間內逐步醞釀。這三件事通常表示，靈療師並沒有真正成長超越某個特定的位置。淨化工作可能是有效的，但是這位靈性工作者的自我成長可能有瑕疵。這三件事情是：

一、當心試圖「絆倒」你的靈療師。從道德上講，他們與吉普賽算命師屬於同一流派。如果他們強調用意志力克服你的問題，如果他們想要你認定自己是失敗者，或是如果他們讓你對任何事物都感到罪疚，那麼他們就是在絆倒你，不是在幫助你。凡是評斷你且發現你有所欠缺、使你感到罪疚的人，或是使你恐懼未知的人，都是在促使你基於他們自身的利益而踏上某種心智之旅。他們不是在幫助你。要避開這些道德騙子，繼續尋找合乎道德的人。

二、當心依賴。當某位靈療師試圖使另外一個人依賴他時，他不是在幫助而是在奴役這名客戶。當一個人鼓勵你的依賴性時，他就興起負面的動機。當心靈工作者將一趟「聖潔之旅」加諸於你時，這種情況也會發生。他讓你感到罪疚，因為他是「聖潔的」，而你不是。這是無濟於事的。真正的靈療師不會這麼做，因為他知道，宣稱聖潔會帶來道德上的後果。假的靈療師一定會這麼做，而且經常這麼做。

三、當心立即被收作學生。你現在就是處境不利才會前來尋求幫助。你行事還不穩妥，怎麼某人就要你加入某個學習班呢？如果這個要求是真實的，你一定會得到某個有意義的解釋，否則要保持懷疑。這點同樣適用於首次造訪就告知你，你需要被啟蒙的那些靈療師。絕不是被好好啟蒙了，就可以解決你生命中的某個問題；啟蒙只發生在，當某人承擔了自己的責任，而且已經成長到可以接受啟蒙的地步時。假使遇到這些情況，務必重新尋找靈療師。

既然你已經找到了靈療師，且讓我們進一步探討你們之間的關係。與可以幫助你擺脫你可能希望移除的任何問題的某人合作時，你可以期望擁有因案例而不同的關係。

事實上，每一位靈療師與每一位客戶的關係都是獨一無二的。通常在你首次造訪時，你們一定會討論你的情況，而靈療師會告訴你，他覺得必須做些什麼才能解決這個問題。這可能包含任何事，從他在你的頭頂上方祈禱，祝福你，建議你該洗什麼澡，或是為你提供某個配製好的沐浴包，替你燒一些香，或是做些幾乎與本書內容類似的事情。

萬一這位靈療師覺得有必要進一步療癒，通常會要求你購買或取得各式各樣的材料。這些可能包括——例如十字路口的塵土、鮮花、某座公墓的石頭、碗、碟子、雪茄，或是幾乎任何東西。

你們第一次會面時，對方會跟你預約下一次見面的時間。如果你已經被告知要帶什麼東西來，就應該要帶來。某些時候，可能要求你帶一位朋友過來，最好是介紹你來找這位靈療師的人。某些靈療師不會單獨見客戶，儘管這些討論始終是私下進行的。

通常，在第二次或第三次拜訪之後，靈療師會跟你預約未來一個月或更久的時間，或者只是建議，如果你繼續遇到難題，可以打電話給他。這表示，他覺得，已經為你的案例做完必要的治療。你的問題八成已經消失了，而且解答如果不在手邊，也近在咫尺。除非你知道你的靈療師教導或接受遠程治療的客戶，否則如果他沒有要求你成為他的學生，可別失望喔。

有些靈療師教學，有些不教。有些為需要的客戶提供遠程治療，有些不提供。這種治療不是心理學，而且無論就術語或方法而言，通常都沒有參照心理學。不管怎樣，靈療師只會在他覺得對你有裨益的時候，才建議你跟他一起學習。除非靈療師覺得你應該跟他一樣，做著他正在做的工作，否則他其實不會建議培訓你。一個人看見某位客戶具有與自己同樣的能耐，這情況並不常見。我最優秀的學生幾乎是被不折不扣的拖到街上，花了六個月不斷跟她說她應該要幫助別人，她才終於同意讓我教她。

如果你與某位靈療師有短期或長期的關係，有時候這種親密關係會被某種性愛色彩破壞。通常，這發生在前兩次或前三次造訪期間。萬一你想要與你的靈療師約會，或是萬一你感覺到突然的衝動，想要與這人發生性關係，你一定要好好懷疑這位靈療師的動機和你自己的動機。你應當壓抑這股欲望，事後私下好好檢視。如果這個建議源自於那位靈療師，那麼他（或她）的動機是有問題的。伸出援手的人為什麼想要與需要幫助的人發生關係呢？根據定義，關係涉及在平等或幾乎平等的基礎上共享。靈療師無法真正將自己的任何東西與某位客戶分享，身體除外啊！如果你正在解決問題的過程中，靈療師其實無法與你分享任何人生經驗或真實的想法或知識。你的靈療師為什麼不找個身分相當的人建立親密關係呢？如果那位靈療師對你真的很有興趣，為什麼不等你行事穩妥時，再親口提出這個話題呢？

如果想要與靈療師發生性關係的衝動源自於你，那就該要好好質疑你的誠意了。這裡可能有幾件事在操作。有些人想要將幫助他們的人往下扯，讓對方降到與自己同一層級。如果靈療師會與你發生性關係，那麼你不可能一無是處。至少你很有吸引力。有些人認為，當你引誘得了幫助你的人時，就表示這人不是真正在幫你。非常缺乏安全感的人們認為，在嚴密的個人監督底下，性是方法，可以戰勝必須面對不太吸引人的某些其他人格面向。渴望與某人發生性關係，並不總是意謂著你喜歡那個人。有時候，它被用作控制的手段。想要與靈療師發生性關係的任何渴望，都應當被嚴密檢視，因為那不是成熟的反應。

開始尋找可以真正幫助你的某人之前，重要的是要領悟到，真誠的靈療師不只為你謀福利。真正的靈療師只為上帝工作，而且他關心的主要是他自己的靈性進化。你身為客戶的重要性是次要的，為神奉獻才是他的主要目標。靈療師幫助他人，是因為他們知道，經由幫助你，他們正在幫助自己。換句話說，他們幫助你，同時走在一條個人的道路上。

金錢在這裡是另一個問題，因為最為敬業的人往往並不富裕。致力於幫助他人的人，不會為了完成自己的工作而收取大量的金錢，何況如果你有問題，即使沒有錢，你也可以努力解決那個問題。有一天你一定會、也有能力捐贈——你覺得靈療師為你帶來的幫助在你心中的價值，藉此幫他購買食物以及支付租金或生活費用。同時，不管你現在付得出多少，無論那筆錢多麼微薄，都應該付費。真正敬業的靈療師，不會拒絕與真誠的客戶合作。

有時候，靈療師會為工作報價，有時候不會。如果報了價，而你確實需要完成這項淨化工作，你一定會有錢付款。有些人以負面的方式過生活，因此唯有付費，他們才有資格療癒淨化。偶爾，靈療師會報個荒謬的費用，因為他覺得，只有這麼做，你才會明白他不想跟你合作。靈療師往往因為對方要求的原因不對而拒絕為客戶療癒，而且他們有時候會以相當奇特的方式拒絕。

找到適合的靈療師可能困難重重，因為真正的淨化工作是默默進行的。走在這條路上的人，選擇的並不是輕而易舉且有利可圖的人生。因此，在這個領域不容易找到稱職的工作者。

一般治療的建議處理方法

一、閱讀這整本書，記下你覺得適用於你的特定問題的內容。

二、洗個啤酒浴，治療馬婁奇亞。

三、用氨水加鹽地板洗滌劑讓你的房子安靜下來，開始在排水管內使用氨水。

四、開始「與水共眠」，當作每夜的儀式。

五、調查任何特別的問題，洗洗具療效的沐浴，使用香等等。

六、經常打掃房子、洗刷地板，保持住屋安靜。

七、根據你的宗教信仰，開始有系統且有規律的每天向你的造物主禱告。

《聖經》章節索引

本書採用《聖經》英王欽定版，因為這個版本在美國最常見。其他譯本的章節編號與英王欽定版並不是完全相同。大部分引用的經文都有上下文，因為閱讀上下文通常會使單節經文的含義變得更加清晰。

〈舊約〉

〈創世記〉第一章六節（Genesis 1:6），將眾水分開

〈創世記〉第八章二十至二十一節（Genesis 8:20–21），燔祭的馨香之氣

〈出埃及記〉第十二章二十二節（Exodus 12:22），用牛膝草灑血

〈出埃及記〉第三十章三十四節（Exodus 30:34），乳香，祭壇的眾香之一

〈詩篇〉第二十三篇（Psalm 23），「耶和華是我的牧者」

〈詩篇〉第五十一篇七節（Psalm 51:7），用牛膝草潔淨我

〈福音書〉

〈馬太福音〉第三章十三節至第四章十一節（Matthew 3:13–4:11），耶穌受洗

〈馬太福音〉第五章四十三節至第七章二十九節（Matthew 5:43–7:29），靈性教導

〈馬太福音〉第五章（Matthew 5），把禱告當作一種生活方式。第六章六節（Matthew 6:6），描述私下的禱告以及公開的獎勵

〈馬太福音〉第六章九至十三節（Matthew 6:9–13），主禱文，「我們的天父」

〈馬太福音〉第十八章一至六節（Matthew 18:1–6），為什麼一個人應該跟小小孩一樣

〈馬可福音〉第七章十四至二十三節（Mark 7:14–23），提到惡眼是來自人類內在、污穢人類的眾惡之一

〈馬可福音〉第十一章十二至十四節（Mark 11:12–14），詛咒無花果樹

〈馬可福音〉第十一章二十至二十一節（Mark 11:20–21），詛咒的結果

〈馬可福音〉第十一章二十二至二十六節（Mark 11:22–26），如何施展魔法和創造奇蹟

〈約翰福音〉第十九章二十九節（John 19:29），海絨上的牛膝草

其他〈新約〉參照

〈希伯來書〉第九章十九節（Hebrews 9:19），摩西提到用血潔淨

〈啟示錄〉第十八章十三節（Revelation 18:13），提到乳香和肉桂

BC1088

能量淨化全書

迅速啟動個人與居家的氣場結界

Spiritual Cleansing: A Handbook of Psychic Protection

作　　者　德拉賈．彌卡哈里（Draja Mickaharic）
譯　　者　繆靜芬
責任編輯　田哲榮
協力編輯　朗慧
封面設計　周家瑤
內頁構成　李秀菊
校　　對　吳小微

發 行 人　蘇拾平
總 編 輯　于芝峰
副總編輯　田哲榮
業務發行　王綬晨、邱紹溢
行銷企劃　陳詩婷
出　　版　橡實文化ACORN Publishing
地址：10544臺北市松山區復興北路333號11樓之4
電話：02-2718-2001　傳真：02-2719-1308
網址：www.acornbooks.com.tw
E-mail：acorn@andbooks.com.tw
發　　行　大雁出版基地
地址：10544臺北市松山區復興北路333號11樓之4
電話：02-2718-2001　傳真：02-2718-1258
讀者傳真服務：02-2718-1258
讀者服務信箱：andbooks@andbooks.com.tw
劃撥帳號：19983379戶名：大雁文化事業股份有限公司

印　　刷　中原造像股份有限公司
初版一刷　2021年3月
定　　價　380元
I S B N　978-986-5401-53-5

版權所有，翻印必究（Printed in Taiwan）
如有缺頁、破損或裝訂錯誤，請寄回本公司更換

Spiritual Cleansing: A Handbook of Psychic Protection
Copyright © 1982, 2003, 2012 by Draja Mickaharic
Published by arrangement with Red Wheel Weiser, LLC.
through Andrew Nurnberg Associates International Limited.
Complex Chinese edition copyright © 2021 by ACORN Publishing, a division of AND Publishing Ltd. All rights reserved.

歡迎光臨大雁出版基地官網
www.andbooks.com.tw
•訂閱電子報並填寫回函卡•

國家圖書館出版品預行編目資料

能量淨化全書：迅速啟動個人與居家的氣場結界／德拉賈．彌卡哈里(Draja Mickaharic)著；繆靜芬譯. -- 初版. -- 臺北市：橡實文化出版：大雁出版基地發行, 2021.03
面；　公分
譯　自：Spiritual cleansing : a handbook of psychic self-protection
ISBN 978-986-5401-53-5(平裝)

1.超心理學 2.靈修

175.9　　110000312